トレイルランニング
楽々入門

奥宮俊祐 著
（ハセツネ 2010 日本人1位）

どこまでも続く一筋のトレイル。
見たこともない風景に、
心揺さぶられる

Nature Run

Fun Run

自然は、時には厳しく、
時にはやさしい表情を見せる。
自然と対話できる至高の時を味わう

体力、技術、知力の
すべてが融合することで、
美しいランニングスタイルが完成する
Stylish Run

はじめに

　トレイルランニングは、トレッキング、ハイキング、ウォーキングなど、自然をフィールドにするネイチャースポーツとして、近年、急速に人気が高まっています。

　トレイルランニングの魅力には、「豊かな自然に親しむことで、肉体のみならず、心の健康づくりにもつながる」、「年齢性別に関係なく個々のペースで楽しめる」、「独自のライフスタイルやファッションがある」、「他のスポーツにはない独特の雰囲気」などがあります。国内大会やイベントが増え、年を追う毎にトレイルランニングを楽しむ人が増えています。

　トレイルランニングは一般的に、「難しく、きついスポーツ」とイメージされがちですが、そんなことはまったくありません。専門の知識がなくても、ある程度の基礎知識があれば、誰でもすぐに楽しむことができます。歩いても構わない自由なスポーツなのです。

　また、健康ブームやダイエットブームが、トレイルランニング人気を後押ししています。将来、マラソン同様、メジャーなスポーツになると言っても過言ではありません。

　日本には、世界に誇れる自然の宝庫がたくさん存在します。さまざまな動植物が豊かに育ち、樹木や野草、野鳥などを、どこでも身近に親しめる貴重な国と言えるでしょう。

　トレイルランニングは、こうした豊かな自然があってこそ楽しめるスポーツなのです。本書を通じて、トレイルランニングの魅力、また、トレイルランニングを通じて日本の豊かな自然環境を実感していただけたら幸いです。

著者紹介
奥宮俊祐
Syunsuke OKUNOMIYA

ひとりでも多くの人に、走る楽しさを伝えていきたい

自然と対話できるから、トレイルランニングは楽しい

走る前のなんとも言えない高揚感や走り始めた時に感じる大自然の中を走る爽快感など、自然との一体感がトレイルランニングの魅力です。自然の中をひとりで走っている時は、なにか自然の中に同化したというか、風になったような気持ちになれるのです。一方、みんなと走ることももちろん楽しいですね。

走ることの辛さより、自然と対話できるうれしさが実感できます。走っている時の時間の流れが、普段仕事をしている時の流れとまったく異なり、いつの間にか何時間もたっていたりして、疲れや時間の経過を感じない。景色や動植物を見るのも、魅力ですしね。トレイルランニングは、年齢性別に関係なく個々のペースで楽しめ、街中では味わうことのできない独特の雰囲気とコミュニティがあるので、今、注目度ナンバーワンのスポーツと言えるのではないでしょうか。

知識がほとんどなくても、初心者の方でも楽しめるところも大きいですね。ランニングという名前はついていますが、いつ歩いても構わない自由なスポーツなんです。

都会っ子の僕にとって、山は特別だった

トレイルランニングで活躍しているランナーの多くは、子供の頃から走るのが得意で持久系のスポーツにたけていることの他に、住んでいる場所の近くに山があったり、家族がアウトドアスポーツ好きで、一緒に山に親しむ機会があったことが影響して、「のめり込んでしまった」という人が多いんですよ。僕は、山とは無縁の都会っ子で、生まれは東京・世田谷の住宅地。小さい頃は公園で走りまわっていましたが、当然、まわりに山はありませんでした。

夏休みに両親の実家である高知や広島の祖母の家に行くと、そこは田舎。家の裏手は全部山。その山で険しい道を登ったり走ったり遊んだりして、初めて自然の素晴らしさや偉大さを感じました。都会っ子ということもあったとは思いますが、その頃から、山は非日常的で、楽しくてしかたない場所になっていました。そんなこともあり、「また山を走りたい」という思いがいつも頭にあり、家のまわりに山がなくても走ることはやめなかったのです。

初の海外レースとして、2011年6月に、アメリカで開催されたウエスタンステーツ100マイルレースに出場。100マイルといったら、約160kmのウルトラレース。海外初レース、初出場ながら、13位で見事完走を果たす

小さい頃からの夢、『箱根駅伝出場』を目指す

　高校の陸上部に入部して本格的に走り始めたのですが、心臓の調子がおかしいことに気がついたのもこの頃。原因は不整脈（今では手術して完治）。でも、僕には『箱根駅伝出場』という大きな目標があったので、走ることはやめませんでした。だましだまし走っていました。

　地元ではまずまずの成績を出していたこともあって、東海大学に進学できたんです。子供の頃から憧れていた『箱根駅伝出場』の夢を捨てきれなかったんです。

　大学の4年間は走ることに明け暮れましたが、残念ながら『箱根駅伝出場』の夢は叶いませんでした。そんなこともあり、走ることに燃え尽きたというか、「もう走ることはやめよう」と一度は決意。

　大学卒業後、将来のために手に職をつけようと、パン職人を目指しました。ところが、その会社もあることがきっかけで倒産してしまったんです。

　そんな時、偶然にも自衛官だった大学の先輩から、「自衛隊で走らないか？」と誘いを受け、思い切ってお世話になることにしました。勤めていたパン屋が自衛隊朝霧駐屯地のすぐ近くにあり、毎日黙々とトレーニングする隊員を見ては、「自分もほんの少し前までは、目標に向かって走っていたんだよな」とうらやましく眺めていたこともありました。それが、まさか自分がそこで走ることになろうとは。

　何か神様が与えてくれた大きなきっかけかもしれません。奇跡的な偶然から、結局は走る道に戻ってくる。私は、何か見えない力が働いていたのではないかと感じています。

『日本山岳耐久レース(通称ハセツネ CUP)』に取り憑かれる

自衛隊時代、『富士登山駅伝』などに出場はしていましたが、本格的にトレイルランニングの魅力に取り憑かれたのは、山岳路で71.5kmというとてつもない距離でタイムを競う『日本山岳耐久レース』に出場してからです。

2005年の第13回大会が初参加だったのですが、この頃すでに、トップランナーだった鏑木毅さん、横山峰弘さんを第2関門の月夜見までリードして、最終的には3位に入ってしまったのです。

翌年は公務のためエントリーできなかったのですが、2007年の第15回大会では、優勝した相馬剛さんとデッドヒートを演じて2位。2008年は6位と不本意な成績に終わってしまいました。そして2009年の第17回大会は5位。2010年には日本人1位の総合2位に入りました。

御岳山山岳マラソンは、2005年から3年連続で優勝、2007年から2年連続で高水山トレイルラン優勝、2009年に初開催された、強豪揃いのスプリントレース『ハセツネ30K』で初代チャンピオンに輝きました。そして2011年6月には、念願だった海外遠征を果たすことができました。毎年アメリカで開催される、歴史と伝統のある『ウエスタンステーツ100マイルレース』(100マイルは約160km)に参加することができました。結果、完走は果たしたのですが、13位という成績。「世界の壁は厚く高い」と実感しましたが、必ず乗り越えてやろうと思います。

また、日本最高峰のレース『日本山岳耐久レース』に毎年チャレンジして、手が届きそうでなかなか届かない優勝ですが、家族のため自分のために近いうちに必ず優勝できると信じて、チャレンジし続けます。

そして、これからはレースに参加するだけではなく、レースやキャンプなどをプロデュースして、山を走ることの楽しさを、ひとりでも多くの人に伝えていきたいと考えています。私が今、頑張って走っていられるのは、多くの皆様からの応援がいちばん大きいと感じているからです。

応援から、走る元気と意欲をもらっています。練習中でもレース中でもそうです。だから私は、頑張って走ることで、多くの皆様に元気や笑顔を届けたいと思っています。「諦めずに頑張っていれば、きっとなにかできることがある」。「みなさん、機会があったら、一度私と一緒に山を走ってみませんか」。きっと、今まで経験したことない新しい世界に出会えるはずです。

奥宮俊祐 / おくのみや・しゅんすけ

1979年東京都生まれ、千葉県出身。中学生から陸上部で長距離を始める。大学駅伝の強豪・東海大学で青春を箱根路にかけたが、選手になれずー時は走ることを諦める。大学卒業後は、パン職人として働くが、23歳の時に自衛隊入隊をきっかけに再び走り始める。その年、不整脈の手術を受け、第13回日本山岳耐久レースでトレランデビュー。トップランナー鏑木毅、横山峰弘を中盤までリードし一躍脚光を浴び、初出場で3位を獲得。その後のハセツネでも幾多の名勝負を繰り広げている。現在はコンペティションのみならず、トレランの普及活動にも全力で取り組んでいる。

【Result】
■2005年
10月/第13回日本山岳耐久レース総合3位
12月/第6回御岳山山岳マラソン優勝
■2007年
4月/第9回高水山トレイルラン優勝
10月/第15回日本山岳耐久レース総合2位
12月/第8回御岳山山岳マラソン優勝
■2008年
4月/第10回高水山トレイルラン優勝
6月/第4回海山トレイルラン優勝
10月/第16回日本山岳耐久レース総合6位
11月/第6回奥武蔵スーパークロカン優勝
12月/第9回御岳山山岳マラソン優勝
■2009年
2月/第1回奄美ジャングルトレラン優勝
3月/第1回房総丘陵トレイルラン2位
4月/第11回高水山トレイルラン2位
4月/第1回ハセツネ30K優勝
6月/第7回名栗U字スーパートレイルラン優勝
10月/第17回日本山岳耐久レース総合5位
■2010年
3月/第2回房総丘陵トレイルラン優勝
4月/第2回ハセツネ30K4位
6月/第1回武甲山トレイルラン優勝
9月/第2回朝霧高原トレイルラン優勝
10月/第18回日本山岳耐久レース総合2位(日本人1位)
■2011年
6月/第2回甲山トレイルラン優勝
6月/ウエスタンステーツ100マイルレース(アメリカ)13位

トレイルランニング楽々入門
奥宮俊祐 著
(ハセツネ 2010 日本人 1 位)

はじめに	007
著者紹介	008

1章　歩く/走る　　015
本格的にチャレンジする前に、歩き方/走り方を確認する

01/ ウォーキングの基本	016
02/ ノルディックウォーキングって	018
03/ 専用ポール	020
04/ ポールを引きずって歩く	022
05/ ポールを突いて歩く	024
06/ ポールを使ったストレッチ	026
07/ ランニングの基本 Part 1	028
08/ ランニングの基本 Part 2	030

2章　上りの基本　　033
「速く走る」より「いかに速く上るか」

01/ 上りの基本 Part 1	034
02/ 上りの基本 Part 2	036
03/ より効率よく楽に登るためのテクニック	038
04/ 急斜面を上る	040
05/ 効果的に歩いて上る方法（腕押し）	042
06/ ポールを使って上る	044
07/ 木段や石段などの階段を上る	046
08/ ガレ場を上る	048
09/ 上りのコーナー	050
10/ トレイルのまん中に大きな石がある場合	051
11/ 上りの足場が悪い時のコース取り	052
12/ 大きな溝のようなものがある場合	053
13/ トレイルから外れない	054
14/ ガレ場を、ポールを使って上る	055

3章　下りの基本　　057

下りが得意になれば、もっと楽しくなる

- 01/ 下りの基本 Part 1 ── 058
- 02/ 下りの基本 Part 2 ── 060
- 03/ 下りの基本 Part 3 ── 062
- 04/ 急斜面の下り ── 064
- 05/ 蛇行して下る ── 066
- 06/ コーナリング ── 068
- 07/ ポールを使って下る ── 070
- 08/ 木段や石段などの階段を下る ── 072
- 09/ ガレ場を下る ── 074
- 10/ 細かい石のガレ場を下る ── 076
- 11/ 石の上に乗る時の荷重のかけ方 ── 078
- 12/ ジェットコースター走法 ── 080
- 13/ 木の根のある下り ── 082
- 14/ 倒木のかわし方 ── 084
- 15/ バンクを使ったコーナリング ── 086
- 16/ 曲がりくねった細いトレイルを下る ── 088
- 17/ 直線的に走る ── 090
- 18/ 長い下りは、スピードを調節する ── 091
- 19/ 急斜面は小刻みなステップで走る ── 092
- 20/ 足場の悪い時のコース取り ── 093
- 21/ コースのまん中にあるくぼみを避けて下る ── 094
- 22/ ポールを使ってガレ場を下る ── 095

4章　さまざまなトレイルの攻め方と注意点　　097

特殊な状況に対応する能力を身につける

- 01/ 連続したコーナーの攻め方 ── 098
- 02/ 緩斜面から急に急斜面に変わる場合 ── 100
- 03/ 川渡り ── 102
- 04/ 丸太を束ねた橋のわたり方 ── 104
- 05/ ぬかるみの走り方 ── 106
- 06/ 砂利が深く敷き詰められた急斜面の下り ── 108
- 07/ 落ち葉の敷き詰められたトレイル ── 110
- 08/ トレイル脇の小枝や草は極力避ける ── 111
- 09/ 木が置いてあるトレイル ── 112

5章　走るための基礎知識　　　　113

安全に楽しむために、基礎知識とルールを覚えよう

- 01/ トレイルランニングに適したフィールドを選ぶ ……… 114
- 02/ 近所の公園や川の土手を走る ……… 116
- 03/ 湖畔や海岸、川沿いを走る ……… 117
- 04/ 近所の里山を走る ……… 118
- 05/ ハイキングコースを走る ……… 119
- 06/ 登山道を走る ……… 120
- 07/ 観光地などを走る ……… 122
- 08/ プランニング ……… 123
- 09/ ルール＆マナー ……… 126
- 10/ バックパックの中身 ……… 130
- 11/ バックパックの正しい調整の仕方 ……… 132
- 12/ 水分補給と栄養補給 ……… 133
- 13/ ねんざ予防とテーピング ……… 134
- 14/ 日頃のトレーニング ……… 136
- 15/ 地図の読み方 ……… 138
- 16/ 動的ストレッチ＆静的ストレッチ ……… 139
- 17/ 疲れをとる温泉活用術 ……… 144

6章　レースに参加する　　　　147

レースは楽しむことから始める。目標が決まったらチャレンジ！

- 01/ レースの種類と選び方 ……… 148
- 02/ レース前の練習法と注意点 ……… 150
- 03/ レースにおけるバックパックの装備 ……… 154
- 04/ エイドステーションの活用法 ……… 155
- 05/ 山での注意点とさまざまな対処法 ……… 156

7章　用具の基礎知識　　　　161

トレイルランニングを楽しむために、最適な用具を選ぶ

- 01/ トレイルランニング用シューズ ……… 162
- 02/ トレイルランニング用バックパック ……… 164
- 03/ トレイルランニング用ウエア ……… 166
- 04/ サポートウエア ……… 170
- 05/ アクセサリー ……… 172

あとがき ……… 174

1章　歩く/走る

本格的にチャレンジする前に、
歩き方/走り方を確認する

CONTENTS
01/ ウォーキングの基本 ───────────── 016
02/ ノルディックウォーキングって ───── 018
03/ 専用ポール ───────────────── 020
04/ ポールを引きずって歩く ────────── 022
05/ ポールを突いて歩く ─────────── 024
06/ ポールを使ったストレッチ ───────── 026
07/ ランニングの基本 Part 1 ───────── 028
08/ ランニングの基本 Part 2 ───────── 030

歩く/走る 01 *Walking & Running*

ウォーキングの基本
トレイルランニングの基本は、ウォーキング

1章 歩く/走る

まっすぐな体の軸としっかりした腕の振りを意識することで、推進力が生まれてスムーズにヒザが前に出る

普段の歩き方も、山でのウォーキングでも基本は同じです。ただし、街中では障害物はほとんどありませんが、山の中には木の根や石などの障害物があり、それらにつまずかないように、場合によってはヒザを上げて歩く必要があります。

ヒザを上げて歩くには、まっすぐな体の軸としっかりした腕の振りを意識しなくてはなりません。まっすぐな体の軸を意識しながら、重心を移動させることによって進むと考えてください。

また、ヒザを上げる際も、必要以上に大きくヒザを上げないように注意しましょう。こうすることで、疲労が少なく、バランスよくスムーズに歩くことができるはずです。

体の軸を意識すると、スムーズに重心移動ができるので、きれいに歩くことができます。体の軸が前後に倒れた状態で歩くと、ヒザも上がらずスムーズな重心移動ができません。

> 肩の力を抜いて、腕を進行方向に向かってまっすぐ大きく振りましょう。肩を動かさないで、ヒジを使って上腕だけを左右に振る（とくに女性が多い）と、体の軸が左右にブレてしまいます。体の軸を意識した腕の振りは、立ち止まった状態で、反復練習することで矯正できます

ここをCHECK! 体の軸をつねに意識する

ここをCHECK! 腕を進行方向へまっすぐ振る

> 腰が落ちたりしていませんか？ 腰が落ちていると、重心が後方に傾いてしまいます。その結果、スムーズに歩くことができなくなります。頭からカカトにかけて1本の軸を意識しましょう。そうすると、背筋がピーンと伸びたかっこいいフォームで軽快に歩けます。へその下（丹田）を意識するといい姿勢をキープしやすくなります

歩く/走る
02 Walking & Running

ノルディックウォーキングって
ポールを使ったウォーキング、ノルディックウォーキングにチャレンジ

1章 歩く/走る

トレイルランニングにチャレンジする前に、今、話題のノルディックウォーキングで、自然を楽しむ

　ノルディックウォーキングは、1930年代初めにフィンランドのクロスカントリースキーチームの夏場のテクニックトレーニングとして、ポールを持ってハイキングやランニングをしたことから始まります。それ以降、このノルディックウォーキングは、クロスカントリースキー競技者にとって、重要なオフシーズンのトレーニング方法となっています。

　1990年代、ポールを持って歩くことの身体的効果について、フィンランドで活発に研究試験が行なわれました。1996年、フィンランドスポーツ研究所、フィンランドのスポーツ用品メーカーとSuomen Latu（野外レクリエーションスポーツ協会）の共同事業のもと、この新しいエクササイズを一般の人々に紹介するに至りました。

　1997年、このエクササイズを国際的に「ノルディックウォーキング」という言葉で定義し、最初のカーボンファイバー製ノルディックウォーキング専用ポールが考案されました。2000年、フィンランド・ヘルシンキに国際ノルディックウォーキング協会が設立されました。以来、多くのパートナー協力のもと国際的にノルディックウォーキング普及活動を展開し、近年（2009年）ではノルディックウォーキング活動は、世界40カ国を越える国で行なわれています。

　フィンランドでは、約82万人が週一回のノルディックウォーキングを楽しんでいると言われます。これは成人の20％にあたる人口になります。

　専用のポールを使用するノルディックウォーキングは、効果的な"有酸素運動"として、下半身だけでなく腕、上半身の筋肉など、全身を使うエクササイズとして認められています。また、場所を選ばず一年中どこでもできるので、またたく間に「健康的なスポーツ」として、人気が高まりました。

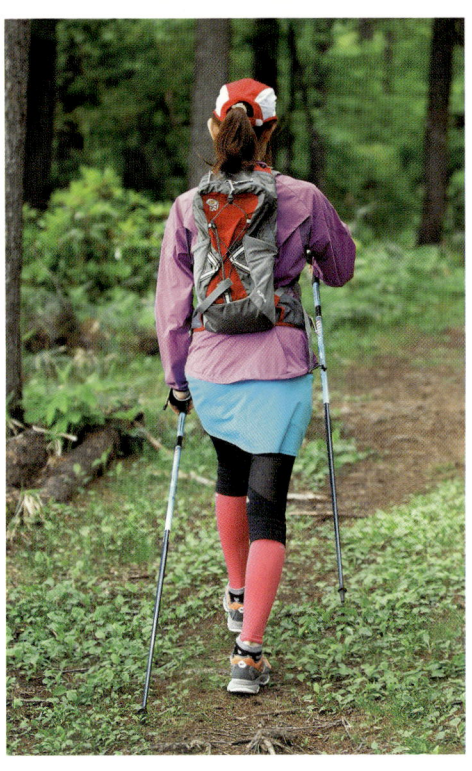

歩く/走る
03
Walking & Running
専用ポール
ノルディックウォーキングで代謝アップ

1章　歩く/走る

下半身だけでなく腕、上半身の筋肉など全身を使うエクササイズとして認められている

　ノルディックウォーキングは、レクリエーションスポーツとしてヨーロッパを中心に、世界中で人気急上昇中のエクササイズです。このエクササイズは持久力の向上、上半身および下半身のさまざまな筋肉の強化、メタボ対策、そして全身の血行も促進させます。

　ノルディックウォーキングの最大の特徴は、年齢、性別、身体能力にかかわらず、すべての人々に適応するフィットネスエクササイズだということです。ノルディックウォーキングには、ヘルスレベル、フィットネスレベル、スポーツレベルがあり、各人の体力や目的に合わせて最適なレベルを選択することができます。

　ここでは、自然なウォーキングスタイルがベースとなる、誰でも楽しくできる「ヘルスレベル」のノルディックウォーキングを紹介します。以下が、大まかな効果となります。

- 通常のウォーキングでは心拍数がおよそ130拍/分なのに対して、ノルディックウォーキングは147拍/分と約13％上昇します。ポールを使用することによって、エネルギー消費量が通常のウォーキングに比べ、平均20％上昇。
- 首、肩にかけての痛みやこりを解消。
- 首から背中にかけての横方向の柔軟性が向上。
もっとも活動する筋肉として、伸縮する上腕筋、肩甲骨周辺の筋肉、大胸筋、広背筋が上げられる。
- 特定の部位、下半身だけに負担をかけるウォーキングではなく、全身を使うウォーキングということから、同じ時間の運動をするなら、ノルディックウォーキングのほうがダイエット効果が高い。
- 1時間あたり400キロカロリーを消費。
（通常のウォーキングでは280キロカロリーの消費）

ノルディックウォーキング用のポールを必ず使う

　一般的には、固いところを歩くために、先端にはラバーチップがついていますが、芝生等の柔らかい地面では、ラバーチップを外して使用したりもします。

　ノルディックウォーキング用のポールの長さは、身長×0.68が目安です。ポールの先を地面に垂直に立て、ノルディックウォーカーのヒジがおおよそ90度になります。

　実際のポールの長さは5cm間隔なので、より快適に感じられる長さを選択してください。その人に合った適切なポールの長さは、最終的には、運動能力、柔軟性、腕の長さ、ウォーキングスピード、地形などで変えていく必要があります。

　伸縮のない固定タイプとポールの長さを変更できる伸縮タイプがありますが、ノルディックウォーキングの効果を最大限に引き出したい人は固定タイプを、旅先など、短くしてザックに装着したい人は伸縮タイプを選ぶといいでしょう。

歩く/走る
04 *Walking & Running*

ポール引きずって歩く
ポールを突く位置をつかむ練習

POINT
腕を前に出した時に、ポールの先端が地面に引っかかるところが、ポールを突く位置

1章　歩く/走る

腕を前に出した時に、ずるずるとひきずられていたポールが、地面にひっかかるように感じたところがポールの突く位置

　ポールを持って歩くことに慣れないうちは、どうしても動作がぎこちなくなりがちです。そこで最初は、ポールを握る前に、ポールを持つことに慣れる練習から始めるといいでしょう。ストラップを手に装着させ、グリップをあえて握らず、腕を体側に沿ってダラーンとさせて、ポールを引きずって歩いてみてください。歩き方は、ウォーキングと同じように腕を大きく振って歩きます。

　しばらく歩いていると、腕を前に出した時に、音をたてながら引きずられていたポールが、一瞬、地面にひっかかるよ うに感じる場所があるはずです。

　わからない時には、腕に意識を集中させて、しばらくポールをひきずって歩いてみてください。自然とポールが引っかかる場所が見つかるはずです。

　だいたい引っかかる場所は、後ろ足の横あたり。ここが、ポールを突く位置となります。

ここをCHECK!
**体の軸を
つねに意識した姿勢**

通常のウォーキングと同じように、体の軸を意識して正しい姿勢で歩きます。胸を張り、背筋を伸ばして、腰の位置は高めを意識してください。グリップは握りません

右手用、左手用を必ず確認する

　ストラップに手を通し、親指と人差し指の間にストラップの付け根がくるように手を入れ、人差し指と親指で軽くはさむように握ります。そして、しっかりフィットするようにベルトを調整して固定します。ストラップは緩くても、締めすぎてもいけません。グリップ部分はポールの種類によって、右手用、左手用と区別されているものもあるので注意しましょう。

① 　② 　③ 　④

023

05 歩く/走る Walking & Running
ポールを突いて歩く
ポールを突く位置をつかめたら、しっかり突いて歩く

POINT
ノルディックウォーキングは通常のウォーキングテクニックの延長線上にあります。肩の力を抜いて、ポールは持っていないつもりで自然な腕のスイングを心がけましょう

1章 歩く/走る

ポールを突くことで体が前に押し出され、一歩の歩幅が大きくなる

　ポールと地面が接するタイミングなどがわかってきたら、この歩き方をしばらく続けて、ポールを持って地面を突いて歩く感覚を体で覚えます。

　慣れてきたらポールを地面に突いた時に、ストラップに手を引っかけるようにして、ポールを押してみましょう。自然と体が前に出るはずです。グリップは強く握らないのがポイントです。手を強く握ると、全身に力が入ってしまいます。自然なウォーキング姿勢を意識し、慣れてきたら徐々に腕を前に振り出す動作を意識してみましょう。体がグッと前に出てくる感覚がわかるはずです。

ポールワークがうまくいかない場合

進行方向へまっすぐポールのグリップを出せない場合や、しっかり地面にポールを突いて押し出せない場合などは、ポールワークに問題があります。
ウォーキングで歩く時にはまっすぐに腕を振ることができても、いざポールを持つと、足とポールの動きばかりに意識が集中してしまい、どうしても全体の動きがスムーズにいきません。正しいポールワークを身につけるには、他の人に後ろに立ってもらい、両方のポールを支持してもらいながら、進行方向へまっすぐ、左右同じリズムと同じ振り幅のポールワークができるようにサポートしてもらうといいでしょう。

ここをCHECK!

06 ポールを使ったストレッチ

Walking & Running

さまざまな動きに対応するために、全身の柔軟性を高める

【動的ストレッチ】

ポールを胸の前に持ってきて、真上→首の後ろ、真上→前を5セット。
ポールを上げる時、カカトを一緒に上げましょう

ポールを持って、腕を交互に出しながら、旋回させます
左右それぞれ5回で計10回

体の前で∞の字を描くように、旋回運動します
5～10回

体の前で、平泳ぎの腕の動きをやります
5～10回

足を左右に振ります。最初は小さく軽く3～5回
最後は大きく3～5回、計6～10回

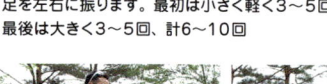

足を前後に振ります。最初は小さく軽く3～5回
最後は大きく3～5回、計6～10回

片足を前に大きく出して、ゆっくりと腰を沈めます
左右の足を5回ずつ、計10回

足首を上下左右に回旋させます
左右の足を5回ずつ、計10回

1章 歩く / 走る

ノルディックウォーキングは、運動量が通常のウォーキングよりも多くなるので、動的ストレッチと静的ストレッチには時間をかける

ノルディックウォーキングは、効果的な"有酸素運動"として、下半身だけでなく腕、上半身の筋肉などの全身を使うエクササイズです。そのため、ウォーキングを始める前の動的ストレッチは欠かせません。また、疲れを後に残さないためにも、ウォーキングの後の静的ストレッチは忘れてはいけません。

【静的ストレッチ】

ポールを背中側にまわして持ち、ポールを下に引っ張ります
20〜30秒

片足をもう一方のヒザに上に乗せ、ゆっくりと腰を落とすお尻のストレッチ
20〜30秒

足裏全体をポールに乗せ、ポールを体の方に引いてアキレス腱を伸ばします。
20〜30秒

ポールを突いたら、上半身をおじぎするように前に曲げ、肩甲骨まわりと上腕二頭筋を伸ばします。
20〜30秒

背中がまっすぐに伸びるくらいにポールと体の距離を取り、上半身を倒していきます。20〜30秒

ランニングの基本 Part 1

07 歩く/走る *Walking & Running*

走り方の基本は「脱力」

走りの基本の「脱力」。
「脱力」とは、必要最小限の力で走ること

　まずは、自分が走っている姿をイメージしてみてください。走っている時に、肩やあごが上がっていませんか？　歯を食いしばっていませんか？　手を硬く握って（開いて）いませんか？　このように、無駄なところに、力が入っていると疲れやすくなります。走る場所がどこであろうと、走りの基本は「脱力」です。
「脱力」といっても、ダラーとするわけではありません。必要最小限の力で走るということです。
　息を大きく吐いたり、肩の力を抜くと、脱力しやすくなります。ただ「脱力」は、簡単なように思われますが、意識しないとなかなか難しいもの。
　日頃から、「脱力」を意識して、しっかり習得していきまししょう。マラソンなどのロードの場合は、アスファルトなどを走

1章 歩く/走る

ここをCHECK!

「脱力」の基本は、肩の力を抜く

肩に力が入っていると、全身が硬直気味になってしまい「脱力」できません。「脱力」がよくわからなければ、いろいろなスポーツの試合などを思い浮かべてみましょう。休憩やタイムアウトの時に、コーチが選手の肩を軽く叩いているシーンがよく映し出されますが、これで選手の肩の力を抜いて「脱力」させているのです。「脱力」の仕方として、走りながら息を大きく吐き腕をダラ～ンと伸ばす方法があります。マラソン中継で、トップランナーがそのような仕草をする場面をよく見ることができます

るために、キックの効いた大きなフォームで走ることができますが、トレイルランニングでは、足場が不安定なトレイルを走るために、ロードと同じようなフォームで走ることはできません。

基本は、スムーズな重心移動により、変化するトレイルに対応できる柔軟なフォームで、体に余計な負担をかけずに走ることが大切です。

ランニングの基本 Part 2

歩く/走る 08 — *Walking & Running*

走り方4つの基本とポイント

体の軸

まっすぐでしっかりした体の軸を作るには、背筋を伸ばし、下っ腹を引っ込めて、へその下(丹田)を意識して、頭から背中、腰、カカトまで一直線になるような体の軸をイメージします。体の軸を一直線に意識すると、筋肉を使わず骨で体を支えることができるので疲れにくくなります。逆に背中を曲げてしまうと、疲れやすくなります。

ツマ先の向き

ゆっくり歩きながら、自分の足元を確認してみてください。ツマ先の向きはどうでしょう。外側を向いたり、内側を向いたりしていませんか? 平らな場所を、歩く時も走る時も、ツマ先は進行方向です。この基本を守らないと、ヒザを痛めたり、足首を捻挫したりと、足に負担をかけてしまいます。

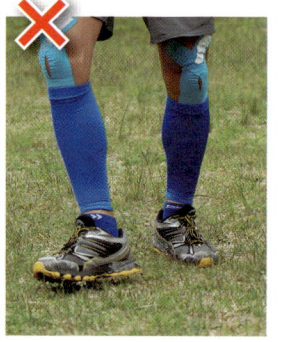

POINT 「脱力」を含め、ここで紹介した4つの基本は、走る時だけ意識しても習得することはできません。通勤、買い物等、日常生活で歩いている時から意識してみてください

1章 歩く／走る

「脱力」をしながら、「ツマ先の向き」「体の軸」「腕振り：肩甲骨でヒジを引く」「足の動き」を意識する

肩甲骨でヒジを引く腕振り

みなさんは、腕振りを意識したことありますか？ 左右にヒジを開き、腕を横に振っていませんか？ これでは、しっかりとした推進力は得られません。腕振りは、推進力を得るのに非常に重要です。腕振りに大切なのは、肩甲骨でヒジを引くこと。体が前にグングン進むことが体感できるはずです。また、ヒジを引くことで、猫背が改善され、背筋が伸び、呼吸がしやすくなり、フォームがきれいになります。

足の動き

無駄なエネルギーを消耗せずに走るには、地面を蹴って進むのではなく、重心を乗せた軸足を起点に、重心を前へと移していく走りが必要です。着地した足を起点にして、骨盤が前に出ることを意識しましょう。軸足の骨盤を中心にした回旋運動で足を動かすことで、上下動を極力抑え、ヒザを必要以上に上げない、すり足のような感覚で走ることができます。そのためには、足裏全体で着地していくようなイメージが大切です。

腰の回旋運動は、肩甲骨でしっかりとヒジを引くことで、自然に行なうことができます。

POINT 歩いている時に意識できないことは、走っている時にも当然、意識することはできません。レース時にはなおさらです。日常の生活から、ランニングの基本を習得していくことが大切です

せっかくだから、自然の姿を写真に残しませんか？
上り始めから下山まで、山は被写体がいっぱい

デジカメはメモがわりにも使うことができます。登山口に着いたら、帰りのバスの時刻表をメモの代わりに撮影したり、トレイル途中の名所旧跡、寺社などの由来が書かれている石碑を写しておくのもいいでしょう。

登山口の道標もいい記念になるので、撮影しておきましょう。歩いている途中には記念写真的なものは多く撮影しますが、案外走っている最中には撮影はしないもの。

ここはがんばって、つらい急坂での懸命な表情なども撮影しておくと、記念写真に深みが出てくるはずです。

山には、下界では見慣れない可憐な花々が多く咲いています。"グッと"寄って花一輪"、"少し引いて群落で"、"広角を使って周囲の山の様子を入れ込んで"など、花を撮影するだけでも表現の仕方はさまざまです。

花の撮影は、曇った日の柔らかな光線の下の方が、直射日光の下より適しています。高山植物は厳しい環境の中、微妙なバランスの上で生育し、花を咲かせています。一緒に写り込もうとしてお花畑の中に踏み込んだりするなど、登山道外に入ったりすることは厳禁です。足場の悪い場所や通行量の多い場所では、カメラの感度を上げて手持ちで撮影したり、状況が悪ければいさぎよくあきらめることも大切です。自然はみんなのものです。

さて、トレイルを進んでいくと、目的の山や近隣の山々が見えてきます。山の表情は、見ている場所の高低、角度、時刻、雲などにより刻々と変化します。「山がきれいに見えるな」と思ったらどんどん撮影していきましょう。撮影しないで行き過ぎてしまって、「さっきの場所がよかった」と後悔するよりも「ここは‼」と思ったら撮影しましょう。

天候が思わしくなく遠景が撮影できない時には、花や植物を狙ってみるのもいいでしょう。

初めての山でも、事前にガイドブックなどで下調べをして、撮影場所の目星をつけておいて、撮影ポイントで休憩をとれるように計画を立てて置くことも大切。何度も行った山であれば、いつもと違う時間帯に登って、新たな山の表情を狙ってみるのもよいでしょう。また、異なる季節に訪れると、新たな感動と出会えるはずです。

写真／奥宮俊祐

2章　上りの基本

「速く走る」より「いかに速く上るか」

CONTENTS

- 01/ 上りの基本 Part 1 ……………………………… 034
- 02/ 上りの基本 Part 2 ……………………………… 036
- 03/ より効率よく楽に上るためのテクニック ……… 038
- 04/ 急斜面を上る …………………………………… 040
- 05/ 効果的に歩いて上る方法（腕押し）………… 042
- 06/ ポールを使って上る …………………………… 044
- 07/ 木段や石段などの階段を上る ………………… 046
- 08/ ガレ場を上る …………………………………… 048
- 09/ 上りのコーナー ………………………………… 050
- 10/ トレイルのまん中に大きな石がある場合 …… 051
- 11/ 上りの足場が悪い時のコース取り …………… 052
- 12/ 大きな溝のようなものがある場合 …………… 053
- 13/ トレイルから外れない ………………………… 054
- 14/ ガレ場を、ポールを使って上る ……………… 055

上りの基本 Part 1

Uphill Fundamental Technique

01 上りの基本
緩斜面を上るための注意点

緩斜面の上りは、力任せに上ろうとしない。
クレバーに走らないと、いたずらに体力を消耗させるだけ

　トレイルランニングの上りでは、心肺機能、体力、脚力を酷使します。

　またどうしても上りのセクションになると、「頑張って走ろう」という意識が生まれ、必要以上に力んでしまいます。きつい上りのセクションの時ほど「脱力」を思い出して、必要最小限の力で上ってください。まずは、意識改革として「力まない」ことがポイントです。

　いつもよりも狭めのストライドで走ってみます。上りでは、無理に走ってしまうと急激に心拍数が上がってしまい、余計に疲労してしまいます。

　初心者のうちは上りでは、場合によっては無理して走るより、むしろ歩くことを選択した方がいいかもしれません。何度か上りを経験すると、急斜面で走っているスピードと歩いているスピードが大差ないことに気がつくことがあると思います。アップダウンがあるトレイルランニングでは、クレバーに走らないと、いたずらに体力を消耗させるだけで、長

POINT
上りでは、どうしても「走ろう」という意識が強くなります。これだと、余計に体力を消耗してしまいます。トレイルランニングの走り方の基本は「脱力」です

2章　上りの基本

続きはしません。
　プロフェショナルなランナーでも、長距離のレースでは、すべての上りを走っているわけではありません。私も上りで歩くことなどしょっちゅうあります。上りや下りに限らず、トレイルランニングは、走るのがつらければ歩いてもかまわないスポーツなのです。

たとえ緩斜面でも、無理して走らない

トレイルに走り慣れてくると、「これくらいの斜面だったら走る」、「これは歩いた方がいい」といったように、自ずと判断することができるようになります。たとえ緩斜面であっても、走ることが厳しい状態なら、無理をして走らないことが大切。素早く歩きに切り替えていきましょう。

ここをCHECK!

上りの基本 02

Uphill Fundamental Technique
上りの基本 Part 2
ツマ先で蹴らず、足裏全体で着地してそのまま上げるのが基本

後ろ足に意識を集中して とにかく蹴らないようにする

　上りの基本は、足の裏全体で接地して、そのまま進行方向へヒザを上げることにより、ツマ先で蹴ることなく上ることができます。後ろ足に意識を集中して、とにかくツマ先だけで蹴らないようにイメージしましょう。

　後ろ足のツマ先とカカトが、同時に地面から離れるように意識します。ツマ先で蹴ってしまうと、どうしてもフクラハギが疲労しやすくなります。疲労が蓄積すると、ケイレンの原因にもなります。また、接地面積も小さいので、すべりやすくなるというデメリットも出てきます。そして、なるべく無駄な筋力を使わないようにするために、歩幅を極力狭くしましょう。

　歩幅を大きくして走ると、体全体を使って上ることになり、足はもちろん体全体の疲労にもつながっていきます。歩幅を狭くすることで、足の筋肉にかかる負担を少なくしていきましょう。

2章 上りの基本

ここをCHECK!

斜面を上る時は、足の裏全体で着地する

着地は、足裏全体で地面を踏み込んでいきましょう。地面がすべりやすい状況であればあるほど、この意識は大切です。足の裏全体で着地することにより、地面との摩擦力が増し、スリップを防止することができます。スリップすると、思いのほか体力を消耗してしまいます。

足裏全体で接地したら、ツマ先で蹴らずに、そのまま上げましょう。蹴るというより、地面を押すイメージです。普段、ロードを走っている人は、ツマ先で蹴る傾向にあるようです。トレイルランニングをしていて、フクラハギが疲労しやすい人は、足裏全体で踏むイメージをもちましょう。

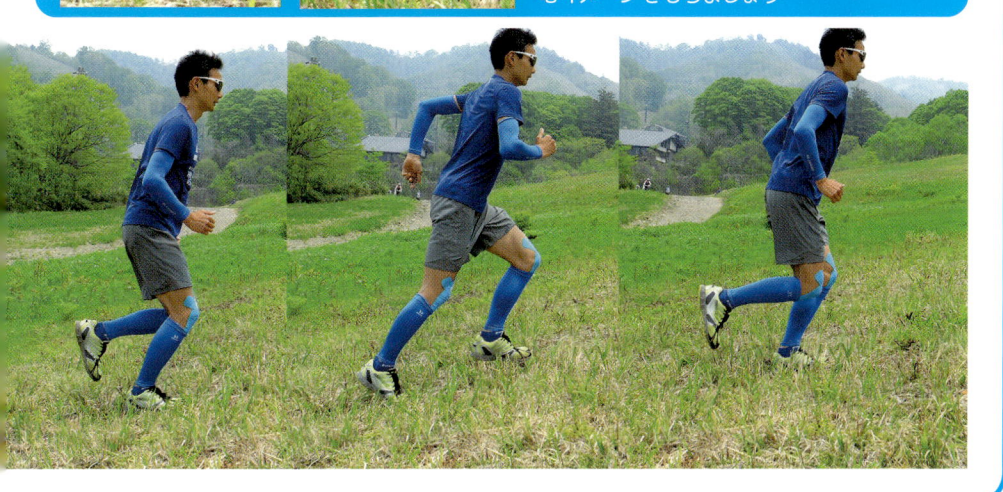

上りの基本 03 Uphill Fundamental Technique
より効率よく楽に上るためのテクニック
前傾姿勢、狭い歩幅を意識する

足が地面についたら素早く全体重を乗せて、前傾姿勢を維持する

　上りは、腰から上を前傾させていると、腰が痛くなって走れなくなってしまいます。腰から上を前傾させるのではなく、足首から上全体を前傾させるイメージで、「体の軸」をしっかり意識しましょう。ヒジをしっかり引いて、骨盤のひねり動作で足全体を上げていく、という感覚がいいでしょう。

　こうすることで、足の疲労を極力抑えることもできます。足が地面についたら素早く全体重を乗せて、逆の足が前に出やすい前傾姿勢を維持します。ここで、体重を移動できても、前傾姿勢をとることができなかったら、次の一歩が前に出ません。上りは、「体の軸」と前傾姿勢がキーポイントです。

　上りは、体全体のリズムを使って上っていきましょう。そのためには、ヒザを大きく上げたり、歩幅を大きくしたりしないで、一定のリズムで上ることが大切です。心の中で、「イッチニッ、イッチニッ」とリズムを刻んでいくこともひとつの手です。

2章　上りの基本

ここをCHECK!
足首のストレッチは大切

急斜面になればなるほど、地面の傾斜に対する足首の角度もきつくなってきます。なので、日頃から足首の柔軟性を養っておきたいもの。また、走る前後の足首の柔軟性のストレッチも大切になります。私は、日頃からストレッチボードを活用しています

ツマ先をまっすぐ進行方向へ向けることで、筋肉を効果的に使う

　上りでは、ツマ先の方向が特に重要になります。初心者は、「上らなくてはいけない」という意識から、ツマ先をハの字に広げ足をガニ股にして上ろうとする傾向があります。ツマ先は、まっすぐ進行方向へ向けることで、太モモ前面部の筋肉や太モモの裏の筋肉（ハムストリング筋）やお尻の筋肉を効果的に使って上ることができます。

　また、歩幅を狭くすることで、体を動かす距離が少なくなり、足の筋肉への負担が小さくなります。歩幅を大きくして、距離をかせいで速く上ろうとすればするほど、体の動きが大きくなり、しかも足への負担も急激に増します。

　足の裏全体を地面につけるように上ると、フクラハギの筋肉が伸びたままになるので、過度の筋肉の伸縮による疲労を避けることができます。

　さらに、シューズのソールと地面の接地面積が大きくなるので、すべりにくくなる利点もあります。

上りの基本 04 Uphill Fundamental Technique
急斜面を上る
急斜面は、狭い歩幅で細かく上る

「肩甲骨でヒジを引く」腕振りと「体の軸」がポイント

　急斜面では、広い歩幅で上ると疲労度は大きくなります。試しに、狭い歩幅と広い歩幅を試してみれば、その差を体感することができます。歩幅を狭くすれば、細かいピッチで上ることができるので、スピードアップにもつながります。ただ、狭い歩幅で細かいピッチで上るには、腕振りと前傾姿勢のキープが重要となります。

　急斜面では、疲れてくるとどうしても猫背気味になってしまうので、「体の軸」を意識して目線を足元に落とさないで、しっかり2〜3m先を見るようにしましょう。

目線をできるだけ前に意識して、体の前傾を保つ

走るのがきつくなってくると、自然と目線が下がってきます。そうしたら、遠慮なく歩きに変えていくことが大切。無理して走ろうとして、体を使って上ろうとしても、足の疲労がある限り、足を上げようとしても上がらないものです。「走れなくなったら歩く」、これもトレイルラン

2章 上りの基本

ここをCHECK!

ニングの大きな魅力です。
体を前傾させるためには、目線も大切となります。目線は足元ではなく、2〜3mくらい前を見るようにしましょう。疲れてくるとどうしても頭が下がり、目線も落ちてしまうので、多少辛くても目線をできるだけ前に意識して、体の前傾を保つようにしましょう。

POINT

上りの基本は、歩幅を狭くして走ること。前傾姿勢を意識すれば、足は小刻みに上がります。

上りの基本 05 Uphill Fundamental Technique
効果的に歩いて上る方法（腕押し）
急斜面では、走るよりむしろ歩いた方がいい

踏み出した足の太モモの上に手の平を乗せ、腕を伸ばして推進力をさらにアップさせる

　トレイルランニングでは、走るのは当たり前ですが、状況に応じて歩くことも必要になってきます。ここでは、効果的に歩いて上る方法を紹介しましょう。

　斜面では、一生懸命足を前に出したからといって、スピードが上がるものではありません。むしろ、急斜面などでは歩いた方が速い場合もあります。また、「上ろう」という意識が強くなり、必要以上に力んでしまいがちです。これだと、疲れて逆効果になってしまうこともあります。このような場合は、むしろ歩きましょう。

　写真のように、トレイルランニングに効果的な、腕押しという歩き方があるので紹介します。

　踏み出した足のモモの上に手の平を乗せ、曲げている腕を伸ばすことで腕の力を足に伝え、上体を進行方向へ引き上げるきっかけを作ってくれます。

　急斜面になればなるほど、置く手の位置は異なってきます。緩斜面の場合は、さほど腕の力を必要としないので、軽くモモの付け根に手を当てるくらい。斜度がきつくなればなるほど、モモからヒザ頭に位置が変わってきます。

2章　上りの基本

ここをCHECK!
背中は丸めず、基本の前傾姿勢を！

ただ単に、背中を丸めて猫背気味にして、モモに手を置いて上るのではなく、あくまで基本の前傾姿勢をとり、足のパワーに、腕のパワーをプラスさせて、推進力をさらにアップさせることがポイントとなります。また、このような体勢をとることで、体がコンパクトになり上体が安定します。上りはとにかく足がふらついたりして危険なので、体を安定させるためにも必ず覚えておきましょう。

斜面を上る時は、足の裏全体で着地し、ツマ先で蹴らずにそのまま上げるのがベストな歩き方です。また、息を荒くして上るとすぐに疲れてしまうので、上りはゆっくりと同じペースで上るよう心がけましょう。呼吸が乱れた時はペースを落とします。酸素不足にならないように、しっかりと息を吐いて吸うよう呼吸を意識することが大切です

上りの基本 06

Uphill Fundamental Technique

ポールを使って上る

ポールで大きな推進力を得る

細かい足のステップに合わせて、コンパクトなポールワークを心がける

　ノルディックウォーキングの専用ポールを使って斜面を上る時は、上りで歩く時や走る時と同じように、上体を前傾させます。ポールは後ろ足の横あたりに突き、しっかりと腕とポールで地面を押しながら上ってください。

　上りでポールを力強く使用することで歩幅を大きくすることができます。緩斜面では腕で押して上る感覚ですが、急斜面では背筋も使うことで、より大きな推進力を生み出すことができます。

　急斜面では、緩斜面と異なり、ポールの突く場所は、進行方向の高い位置にしっかりと突きます。次に、足への負担をなるべく軽減させるために、突いたポールに体重をかけていきながら、腕を後ろに押し出すようにして、上体を斜面上に引き上げるようにしましょう。ポールのグリップの部分が体の横を通過する時に、さらに斜面下にポールを押し出すようにすると、効果的に上ることができます。この時大切なのは、細かい足のステップに合わせて、ヒジの角度を大きく変えないで、コンパクトなストックワークを心がけることです。

　上りでのポールの力強い押しは、足から上半身へ負荷を分配します。しかし、あまりにもストックに頼りすぎた上り方をすると、体のバランスが悪くなり歩き方が変わってしまうので注意が必要です。

2章　上りの基本

ここをCHECK!

グリップは進行方向へまっすぐに上げていく

ポールワークは、肩の力を抜いて、グリップを進行方向に向かってまっすぐに出すように振りましょう。グリップを胸の前に出すようなポールワークだと、地面に対して斜め横からポールをつくことになり、しっかり腕でポールを押し出すことができません。効率のいい推進力を得るためにも、グリップはまっすぐ進行方向へ上げ、まっすぐ後ろに押し出すことが大切です。うまくいかなかったら、平地でポールをしっかり突けるまで、反復練習しておきましょう。

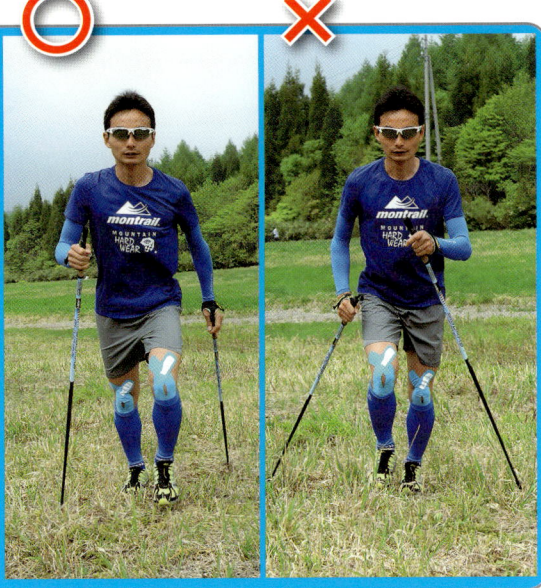

上りの基本 07

Uphill Fundamental Technique

木段や石段などの階段を上る

自分のペースで、一段一段確実に上る

ここをCHECK!

足裏全体を地面に接するように着地する

基本は、足裏全体で着地していくこと。ツマ先だけで着地していくと、足首の角度を固定しなくてはならなくなり、フクラハギの筋肉を余計に使うことになります。
トップ選手のように、カカトを上げながらツマ先から着地して、リズム感あふれる上り方は、鍛えられたフクラハギの筋肉があってこそできるテクニックです

2章　上りの基本

重心を前に意識しながら、階段に合わせてリズミカルにステップする

　木段や石段とは、段差の部分が土などで崩れないように、木や石を階段状に配置したもの。自然の地形に合わせて作られているので、私たちが一般的に上ったり下りたりする階段のように、段差が一定ではなく不規則な場合が多いので、同じリズムでこれを上り続けることはほとんどありません。

　上体はつねに胸をはり前傾姿勢をキープし、足を引き上げます。この時注意したいのが、ツマ先の方向。ツマ先は、上りの足運びと同じように、ハの字に開かないようにしましょう。ツマ先をうまく使って、足を小刻みに出しながら上って行くことが大切です。なるべく段差の低いところを選んで上ることもテクニックにひとつ。上下動が少なくするように意識して、極端な言い方をすれば、すべるように上るのが理想的です。

　この時注意したいのは、全身をリラックスさせて、重心を前に意識しながら、段の幅と段差に合わせて、リズミカルに足を段差に乗せていくこと。力強く上るというより、軽いリズムで上るというイメージです。

　大きい段差、小さい段差が混在している場合は、できるだけ段差の小さな場所を選びましょう。疲れているようなら、無理して走ることはやめて、歩きで上ってもいいでしょう。

ここをCHECK!

筋肉疲労が大きい、一段飛ばしはやめる

足の力だけで2段まとめて一気に上ることは避けて、一段一段、自分のペースで着実に上ることが大切。心拍数が上がり、体力を使い、ペースが落ちやすい階段状のセクションなので要注意です。むやみやたらに力で上ろうとして、歩幅を大きくすると、たくさん体を動かさなければならないために、足への負担が大きくなってしまい、必要以上の体力を使ってしまいます。

047

上りの基本 08
Uphill Fundamental Technique
ガレ場を上る
不安定な足場に注意して上る

下半身を中心に、腰をうまく使って足を細かくステップさせながら上る

　ガレ場とは、大小さまざまな石が散乱するトレイル。河原のような場所や、石がむき出しになっているような場所もあり、不安定な石が多いので、ガレ場の通過では浮き石や落石に十分注意しましょう。また、コースが荒れているので、初級者は通過にプレッシャーがかかると思います。

　ガレ場では、浮き石などによって上体が安定しないので、走りがきわめて不安定になります。「体の軸」を保ちつつ前傾姿勢を意識しながら、足場を早めに確認しながら、下半身を中心に、足を細かくステップさせて上ります。この時蹴らないで、地面や石に足を置くように動かしていくことを意識すると、体の軸が安定します。こうすることで、頭の位置と目線が安定し、ガレ場の状況に合わせて走ることができるので、もし足場の石が突然動いたりしても、瞬時に対応することができます。また、急斜面のガレ場（岩場など）を上る時の注意点としては、落石に十分注意をします。前を上っている人の直後を上ることは絶対に避け、十分な距離をとって上るようにしましょう。

　十分な距離を保っていれば、万一落石があった場合にも十分対処する時間がとれます。

2章　上りの基本

ここをCHECK!

大きな岩場を上るトレイルは、3点支持を意識して上る

　ガレ場には、大きな岩場を上るようなトレイルもあります。こんな状況のトレイルを走ることはできません。通常のトレッキングや登山のように、確実に歩いて上ることが重要です。速さを決して求めないでください。安全第一です。

　このような場所を安全に上るためには、3点支持を意識して上っていきましょう。3点支持は山を上るのに必要不可欠です。3点支持を簡単に説明すると、岩場を上る時などに、両手両足の4点のうち、3点でつねにホールドし、面で安定を得ようとする技術のことです。

　上体が安定したら次の一歩もしくは次の手を出していきましょう。事前にこのような場所を上ることがわかっていたら、手を守ることを考えて、グローブなどを用意しておきましょう。

上りの基本 09
Uphill Fundamental Technique

上りのコーナー
インコースを上って、距離と時間を稼ぐ

コーナーの向こう側が死角になっている場合は、注意して上る

　上りのコーナーは、距離と時間を稼ぐために、なるべくコーナーの内側を走るようにしてください。

　コーナーでは、歩幅を狭くして細かいステップで上りましょう。また、写真のようにコーナーの向こう側が死角になっている場合、上から来る人が見えないので、コーナリングの際は、十分注意してください。歩いて下ってくる人ならまだしも、下りではスピードを出しているランナーも多く、コーナーではち合わせすれば大変危険です。

　下りのランナーは、コーナーの外側を大きく回ってくることが多いのですが、万が一のことを考えて、耳を澄ませて、走ってくる足音などで判断しましょう。こういった場所では、上りのランナーも下ってくるランナーも、つねにまわりに注意して走ることが重要です。

下りの速いランナーは、アウトコースを通る

ここをCHECK!

アウトコースを走ると、時間や距離を損するばかりじゃなく、危険もあります。下ってくるランナーは、バンクを使ったり、スピードに乗って大回りで走ってくることが多いので、正面衝突なんてことになりかねません。「山では上り優先」といっても、このように上りも下りも先が見えない場合は、十分に注意しましょう

2章 上りの基本

上りの基本 10

トレイルのまん中に大きな石がある場合
石が濡れているかいないか、早めに確認する

シューズのソール全体で
石に乗っていくことで安定する

　トレイルでは、地中に埋まっている大きな石が顔を出している場合があります。こんな時は石をよく見て、濡れているかいないかを早めに判断しましょう。もし、濡れているように見えたら、無理して石に乗らず、石の先の地面に足を置き、またいでいくといいでしょう。濡れた石は、場合によってはスリップしてしまいます。

　ただこの場合、石の向こう側の地面も濡れているかもしれないので、十分に注意して着地しましょう。

　石が濡れていないようなら、またぐという動作は歩幅を大きくとることになり、上りではデメリットになってしまうので、なるべく石に乗っていきましょう。地面に埋まっている大きな石は、動くようなことはないので、濡れていなければ安心して乗ることができます。

　出ている石の状態にもよりますが、平らな部分や段差の少ない部分を探して足を乗せるようにします。そのためには、事前に自分が通過するトレイルの状態を確認して、どこを通れば安全かつ効率よく走れるかを判断しなければなりません。これは、何度も経験を積むことによってわかるようになってきます。

上りの基本 11

Uphill Fundamental Technique

上りの足場が悪い時のコース取り
人が通っている跡に沿って上る

トレイル状況などを早めに判断するために、しっかり目線を上げて上る

トレイルの左右に、石や大きな木の枝など、走りに障害になるようなものがある場合は、あえてそこは通らない方がいいでしょう。おそらくそのような状況の場合、いつも人が通っている跡があるはずなので、それにそって走りましょう。登山者やハイカーは、歩きやすい場所を選んで上るので、同じ場所を走るようにするといい。

時間短縮や、走る距離を短くしようとして、無理してショートカットすると、障害になるものが多くて走りにくかったり、足をとられたりすることもあるので、安全に走るためにも、人の通った跡を見つけて走りましょう。そのためにも、トレイル状況を早めに判断する必要があるので、しっかり目線を上げて、トレイルの状況を見ることも大切。

ここをCHECK!

無駄に障害物に乗らない

人が通過しているラインを無視して、ショートカットすると、思わぬ障害物があったりします。また、障害物を越えることで無駄に体力を使ってしまうので、体力温存のためにも、極力、無駄は省いていきましょう

2章　上りの基本

上りの基本 12

大きな溝のようなものがある場合
なるべく高い場所を選んで走る

**雨の後は、地面が濡れていたり、
水たまりになっていたりするので、注意が必要**

　大きな溝はあえて避けて、高い場所を走りましょう。溝は、雨が降った時などに、水が流れてできたものと想像できます。雨が降った後などは、くぼみの中にまだ水が残っていたり、表面は乾いているように見えても、ぬかるんでいたり、時には水がたまっていたり、さまざまな状況が考えられます。

　このような状況では、溝の横が一段高くなっていることが多いので、そこを走るといいでしょう。雨が降った後のトレイルは、すべりやすく大変危険です。
　また秋などは、このくぼみに落ち葉がたまり、石コロなどがこの落ち葉の中に隠れていて見えないこともあるので、溝には十分な注意が必要です。

上りの基本 13

Uphill Fundamental Technique

トレイルからは外れない
基本的にはコースに沿って走る

日陰にあるトレイルは、雨の後でなくても地面が濡れている

　細いトレイルの場合でも、基本的にはコースに沿って走りましょう。「トレイルランニングは、コース外を走らない」ということが原則になっています。

　ただ細いトレイルでは、雨が降るとこのトレイルを通って雨水が下に流れていく場合が多い。きつい斜面では、溝に雨水がたまっていることはありませんが、草などがない分地面が露出していることも多いので、雨水が地面にしみ込んでいる場合があります。

　また、この溝を流れた雨水が、下の平らな部分に流れ込んでいることがあります。たとえ水がたまっていなくても、地面に雨水がしみ込んでぬかるんでいる場合があるので、十分に注意して走りましょう。トレイルのまわりは、木々や草などが生い茂っているため、トレイルに陽が当たらず、日陰になっているところも多くあります。

　地面が乾きにくいので、見た目ではすべりにくそうに見えても、案外濡れていることがあるので、スピードを落とすなど、十分な注意が必要です。いずれの場合も、スリップなどの思わぬアクシデントに気を配ることが大切。走りにくいからといって、トレイルから外れるようなことは絶対にしていけません。

2章　上りの基本

上りの基本 14

ガレ場を、ポールを使って上る

ヒジに余裕をもたせてポールをつく

ポールを使うことで、上りの苦手意識をなくす

上りは、腕力のみを使ってポールを突くのではなく、背中の筋肉をうまく使って上ることが大切。こうすることで、体を楽に引き上げることができます。上りが苦手な人は、ポールを使うことで、苦手意識をなくすことができます。多くの人が「上りでポールを使うと、こんなに楽なの」と感じてしまうほど、ポールの効果は絶大です

ここをCHECK!

腕で引き上げるというより、背中の筋肉を使って体を引き上げるイメージ

　ガレ場を、ストックを使って上る時は、進行方向の高い位置にポールをしっかり突きましょう。この時、ヒジがまっすぐになるくらい腕を伸ばしてしまうと、体重をポールにかけることができなくなります。ヒジに余裕をもたせる場所に、ポールを突くことが大切。

　ポールを突いたら、体重の一部をかけながら、体を引き上げていきましょう。腕で引き上げるというより、背中の筋肉を使って体を引き上げるイメージです。

　体が両腕のポールを通過した後も、しっかり腕全体で体を押し上げるように地面を突きましょう。

　斜面を上る時は、つねに上体を前傾させることが基本です。

紫外線から目を守るためにサングラスが必要。
紫外線を甘く見ると大変

紫外線の照射量は夏をピークに強くなります。具体的な数字で言うと、4月から9月の間に年間照射量の70%から80%が降り注ぎます。曇った日でもなんと80%の紫外線がそのまま雲で遮られることなく通過してしまい、私たちに届いてしまいます。

1日の中でもっとも紫外線が強くなる時間は10時から14時。ということは、トレイルランニングは、自分から紫外線を大量に浴びるところに出向いていることになります。

この時間はランナーにとってはいちばんの活動時間でもあるので、紫外線対策が必要となってくるのは当然のこと。紫外線と聞くと、ほとんどの人が肌のことを頭に思い浮かべると思いますが、実際は目に与えるダメージも相当あるのです。冬に雪山でなる雪目という症状を知っていると思いますが、これはゴーグルやサングラスを使用しないで雪を見ていると、目がチカチカしてきたり涙が出たりする症状。

雪目は、紫外線角膜炎という目の角膜が炎症を起こしている状態。これは、すべての山で雪目になるわけではないですが、すぐに症状は出ないまでも、多くの紫外線が目から吸収され、体には決してよくないことです。

雪山で紫外線を防ぐのに有効なのはゴーグルやサングラスですが、トレイルランニングにおいては、木の枝や葉、虫などが目に入り痛めてしまう可能性があります。山中で目を傷めてしまったら、その後の行動に大きな影響が出てしまいます。サングラスは紫外線だけではなく、目を防護するために重要なアイテムと言えるでしょう。

また、トレイルランニングでもサングラスは、紫外線の強い場所では必要になってきます。サングラスは、強い紫外線を遮断するしっかりした機能をもったものを選んで、ファッションというより、つねに目のために使用することが必要と言えるでしょう。

3章 下りの基本
下りが得意になれば、もっと楽しくなる

CONTENTS
- 01/ 下りの基本 Part 1 ———— 058
- 02/ 下りの基本 Part 2 ———— 060
- 03/ 下りの基本 Part 3 ———— 062
- 04/ 急斜面の下り ———— 064
- 05/ 蛇行して下る ———— 066
- 06/ コーナリング ———— 068
- 07/ ポールを使って下る ———— 070
- 08/ 木段や石段などの階段を下る ———— 072
- 09/ ガレ場を下る ———— 074
- 10/ 細かい石のガレ場を下る ———— 076
- 11/ 石の上に乗る時の荷重のかけ方 ———— 078
- 12/ ジェットコースター走法 ———— 080
- 13/ 木の根のある下り ———— 082
- 14/ 倒木のかわし方 ———— 084
- 15/ バンクを使ったコーナリング ———— 086
- 16/ 曲がりくねった細いトレイルを下る ———— 088
- 17/ 直線的に走る ———— 090
- 18/ 長い下りは、スピードを調節する ———— 091
- 19/ 急斜面は小刻みなステップで走る ———— 092
- 20/ 足場の悪い時のコース取り ———— 093
- 21/ コースのまん中にあるくぼみを避けて下る ———— 094
- 22/ ポールを使ってガレ場を下る ———— 095

01 下りの基本

Downhill Fundamental Technique

下りの基本 Part 1
緩斜面を下るための注意点

恐怖心を取り除くことで、下りのテクニックは格段にアップする

　トレイルランニングの大きな魅力のひとつに、下りがあります。下りを走るという行為は、普段の生活ではなかなか味わうことができません。トレイルを自分のイメージどおりに、軽快なステップを踏みながら下ることができたら、自分が風となり自然と一体になったような不思議な感覚を味わうことができます。そうすれば、ますますトレイルランニングの魅力にはまるはずです。

　しかし、初心者にとって下りは鬼門です。初心者は、下りでは強い恐怖心を感じるはずです。

　これから下ろうとするコースの高低差より、「こんな下りを走ったら、転倒してケガをしたり、そのまま木立や岩などに激突したりするのでは」と恐怖感を抱いてしまいます。

　トレイルランニングは、ロードのランニングと異なり、山道といった足場の悪いコースを下るので、スピードを効率よくコントロールしながら、下る技術を身につける必要があります。最初のうちは、狭い歩幅でゆっくりと下るくらいの感覚がいいでしょう。

　よく、「下りで転ばないようにするためには、どうすればいいですか？」と質問をされます。しかし残念ながら、絶対に転ばない方法はありません。ただ、なるべく転ばないためのポイントはあります。

　下りで怖がってしまうと、腰が引ける→カカトから着地する→地面との接地面積

3章　下りの基本

が小さくなる→摩擦が小さい→すべりやすい→お尻から転倒→そして「下りが怖い」というイメージを持ってしまいます。こんな、悪循環にならないように、「下りは、怖くない！」というイメージづけが大切です。

ここをCHECK!

下りは、経験すればするほどスキルアップする

最初は、自分が恐怖心を抱かないスピードで下って、徐々に慣れてきたら、少しずつスピードを上げてみましょう。「この位のスピードなら、なんとか大丈夫」というような感覚が生まれたらしめたもの。どんどん、限界スピードが上がっていくでしょう。とにかく下りは経験を積めば積むほど、スキルアップします。積極的に下りの練習をしておきましょう

下りの基本 Part 2

下りの基本 02 / *Downhill Fundamental Technique*

前傾することで、アクシデントに対応する

○ ✕

3章　下りの基本

怖がらずに、地面と体の軸を垂直にするようなイメージで、気持ち前傾気味に走ってみる

　最初は、歩幅は狭くてもいいので、まずは一歩一歩を小さなステップで、確実に下ることが大切。重心をすとんと下に落とすように走ることで、安定感が増します。また、最初は誰もが、転倒するのを怖がり、後ろ（斜面の上側）に体の軸を傾けてしまい、寄りかかるようにのけぞりながら走ってしまいます。これだと、カカト中心に体重が乗ってしまい、しっかり足裏全体で地面をとらえることができないので、結果、バランスを崩して転倒することになってしまいます。

　上体をつねに進行方向へ先行させるように意識して、下りの特徴の足の先行スピードに上体が遅れないようにすることが大切です。怖がらずに、地面と体の軸が垂直になるように、気持ち前傾気味に走ってみましょう。

　こうすることで、もしつまずいた時でも、次の一歩が素早く前に出て、転倒を防止しやすくなります。

　下りでは、「先行する上体に足がついてくる」というイメージをつねに頭に入れておくことが大切です。

ここをCHECK!
限界スピードを知ることで、スピードをコントロールする

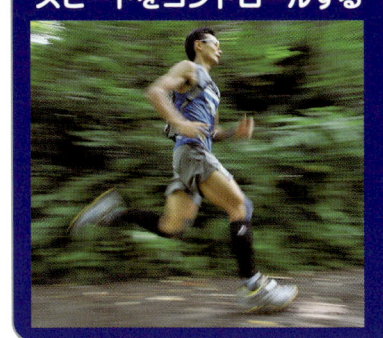

下りでは恐怖心から、力んでしまいがちです。そこで、「脱力」をしっかり意識しましょう。下りでは足が自然と進行方向に出てしまうため、体を「脱力」させて下る必要があります。脱力することでリラックスでき、足の疲労を最小限にスピードを効率よくコントロールすることができます。力んで走ってしまうと、体のコントロールがきかず、スピード調節もままなりません。また、とっさのリカバリーが必要な時に、体が対応できません。スピードが出てしまうのをいつまでも怖がっていると、無意識のうちに着地する足を踏ん張ってブレーキをかけてしまい、結果、足を痛める原因になってしまいます。まずは、「このくらいの下りのコースだったら、このスピードでOK」といったように、自分の限界スピードを知ることで、スピードをコントロールしていくことが大切。限界スピードは、繰り返しの練習である程度わかるようになると思います

061

下りの基本 Part 3
足裏全体で着地していく

POINT
足裏全体で着地していくと、上下動が少なくなり、腰の位置も斜面に平行に動きます

3章　下りの基本

ツマ先をしっかり進行方向へ向けて、カカトから拇指球のラインで、足裏全体で着地していく

　トレイルランニングでは、いかに速く駆け下りるかがひとつのテーマとなっています。そのためには、しっかりと足裏全体を地面に押しつけながら、一歩一歩しっかりグリップして下ることが必要になります。足の裏全体を使って着地していくと、足と地面との接地面積が広くなり、その分摩擦が大きくなるので、すべりにくくなります。下りを快適に走ることができると、トレイルランニングが楽しくなるし、走っていて気持ちもいい。なによりも下りを走っている姿は、見ていてかっこいい。さらに、速く走ることができるから、時間短縮にもなります。下りをマスターすることで、多くのメリットを手に入れることができます。

　着地するツマ先をしっかり進行方向へ向けて、足裏で瞬時に地面の状況を判断しながら、しっかり地面からの衝撃を受け止め、その足を軸にして重心を進行方向に移動して、足の動きに遅れないように上体を先行していきましょう。足裏の接地感を、カカトと足裏の拇指球ラインで感じながら下ると、適切な足の接地場所や方法がわかるようになります。上下動が少なくなり安定して下りの傾斜に沿ったスムーズな流れで下れるはずです。

　下りでは腰から下を柔らかく保ち、ヒザは軽く曲げ、トレイルに合わせてヒザをクルマのサスペンションのようにして、不必要な上下動を抑えていきましょう。また、着地の衝撃を確実に吸収するには、着地した足を軸として、ヒザを曲げながら、確実に地面を踏むことが必要となります。

ここをCHECK!　下りではジャンプしない

　トレイルでは、いろいろな障害物が出てきますが、トレイルランニングは軽装なので、ついつい下りでジャンプして障害物をクリアする人がいます。いくら十分な下半身の筋力や瞬発力、体力があっても、極力、ジャンプしないほうがいいと思います。見た目は派手でカッコいいのですが、足への負荷も大きく、着地を失敗した場合には、ケガにつながります。また、ジャンプは見た目以上に体力を消耗します。水が斜面を流れるように、スキーですべるように下ることを意識しましょう

下りの基本 04
Downhill Fundamental Technique
急斜面の下り
スライド走法で、上下動を抑えて下る

水が斜面を流れるように、スキーですべるように下る

　上級者になればなるほど、上下左右の動きを少なくして、スーっという感じで走っていきます。なぜそうなるかというと、上体を安定させつつ、足を中心にしてトレイルの形状に合わせて着地点を探すため、足は左右に動きますが、重心は上下に、体の軸は左右に動くことが少ないからです。

　後ろから見たら、おそらく下半身は細かく軽くステップを踏んでいるはずですが、上半身はトレイルに従ってまっすぐに進んでいくように見えるはずです。

　また、スピードを落とさないように、着地したら素早く反対側の足に乗っていこうとするので、軽くステップを踏むようにも見えるはずです。このように、着地の衝撃を和らげるような素早い着地のテクニックを身につけると、レースなどで足の疲労を少なく走ることができます。

　「下りで前モモが疲れてしまうのですが、どうすれば疲れないですか？」という質問を多く受けますが、下りにおいて前モモは、「ブレーキをかける、衝撃を吸収する」というふたつの役割をもっています。当然、下りでは前モモが疲労します。そのため、ピョンピョン跳ぶように下っていると、前モモへの負担はますます増加してしまいます。

　腰から下を柔らかくして、水が斜面を流れるように、スキーですべるように意識してみましょう。こうすることで、疲労を最小限に効率よく下ることができます。私はこの走法を、「スライド走法」と呼んでいます。

3章　下りの基本

ここをCHECK!
怖いからといって、ガニ股にはならない

〇　　　×

ツマ先を外側に向けて、ガニ股で下ってくる人をよく見かけますが、斜度がきつくなっても、ツマ先が進行方向へ向けることが基本。ツマ先を外側に向けることで、ねんざをしてしまう可能性が高くなります。また、地面を真上から踏むことができなくなるので、転倒か、最悪は足を痛めてしまうことになりかねません。ツマ先をまっすぐにすると、「スピードが出てしまうんじゃないか」と思いがちですが、下りでのスムーズな足の動きを実現するためには、これを意識してください。怖いからといって、決してツマ先を外側に向けてガニ股で走らないでください

下りの基本 05

Downhill Fundamental Technique

蛇行して下る
腕でバランスをとっていく

3章　下りの基本

歩幅を狭くしながら、確実な足場を探して、細かくステップを踏んでいく

　急斜面は、スピードを落とさないように、瞬時に足の置く場所を判断して、足を出していかなければなりません。また、下る恐怖感も生んでしまうので、ある程度広い急斜面のトレイルなら、コース幅を有効に使って、蛇行して下ってみましょう。自分でスピードを調整しながら下ることができ、しかも足の衝撃も和らげることができます。

　また、大きいステップで下るのに比べ、足の筋肉にかかる負担も少なくなります。初めはゆっくりでいいので、歩幅を狭くしながら、確実な足場を探して、細かくステップを踏んでいきましょう。

　安定した細かいステップを踏むためには、上体をリラックスさせ、肩の力を「脱力」させて、斜面状況に合わせてバランスをとるように腕を振ることが大切です。この蛇行のテクニックは、コーナーの手前で減速する時に使うこともあります。

ここをCHECK!

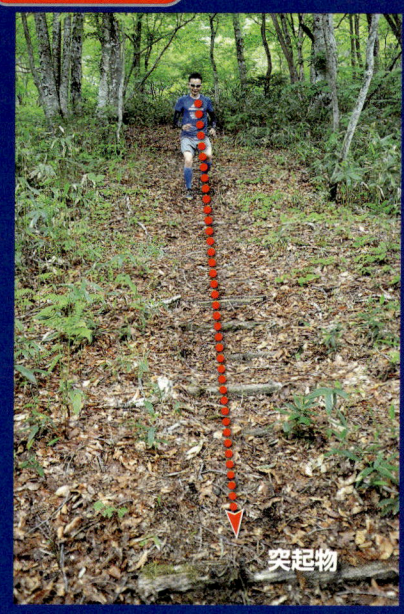

突起物

スピードが出ると視野が狭くなるので危険。スピードを出すことに慣れてきたら、「見る」ことを意識して走ってみよう

トレイルを走っていると、怖いという意識が強く出てしまうためか、どうしても自分の足元ばかり見がちになります。しかし、足元ばかり見ていると、認知や判断が遅くなり、転倒の危険が高まったり、ペースを上げられない原因になったりします。そのため、目線を前方に向けて、これから自分が走るトレイルの状態を早めに確認しましょう。とくに危険がなかったら、必要以上に下を見ないようにします。危険箇所がある場合は、注視しながら足の置く位置、通過する方法などを走りながら判断するようにします。危険箇所を通過したら、すぐに目線を上げ目の前のトレイルを確認します。写真は下りの階段で、丸太を止めるためのボルトが出ていることを遠方で確認して、近くまで走ってきたらさらに確認しながら通過しています。このように、目線は一定ではなく、前方を見たり、足元を見たりすることが大切です

突起物

067

下りの基本 06
Downhill Fundamental technique
コーナリング
トレイルの状況を早めに把握して、スピードを調整する

重心移動を意識して、目線や上体の向きを先行させて流れるように下る

　下りの斜面で鋭角に曲がるコーナーの場合、カーブに入る前からそのコーナーの状況を把握してください。コーナーに入る前に歩幅を狭くしてスピードを落として、上体をカーブの大きさに合わせて先行させながら、鋭角にコーナーに入っていきます。うまくコーナーに入れたら、カーブの大きさに合わせて、コーナーの内側に倒れていた上体の傾きを戻しながら、通常の下りの走法にしていきます。

　この時、体の傾きを戻していくのと同時に、加速させていくと、コーナー手前で落としたスピードをいち早く取り戻すことができます。ただし、加速できるのは、コーナーの先が直線のトレイルの場合。コーナーが次々に現れるようなジグザグに曲がりくねったトレイルの場合、落としたスピードを一定に保って、コーナーに

3章　下りの基本

合わせて腕をうまく使って上体を安定させながら、細かい歩幅で一歩一歩確実にステップしていくことが大切です。　速いスピードで着地すると、足への負担が大きくなり、足首を痛めてしまうこともあります。コーナーでは、トレイルの状況を早めに把握し、重心移動を意識して、目線や上体の向きを先行させて流れるように下ることが大切です。

ここをCHECK!

しっかり前方を確認しながら走る

最初は怖くてできないかもしれませんが、慣れてくれば、ある程度先まで、しかも広くトレイル見ることができるようになるはずです。余裕で見ることができれば、トレイル全体の状況と、足を置いていく場所を瞬時に判断することができるので、安定して下れるようになります。またもっと慣れてくると、足元を見てから瞬時に先を見て、そして、先を見たら瞬時に足元を見る、といったように、状況に合わせて目線を移動することができるようになります。これを会得できれば、リカバリー能力がアップするので、転倒や転落、ハイカーなどとの接触も回避することができます。また、下りのコーナリングなどもスムーズになります

下りの基本 07 ポールを使って下る

Downhill Fundamental Technique

下りのスピードコントロールでポールを使用する

体の軸をやや後ろに倒した後傾姿勢を、ポールでサポートする

　下りで、スピードが出たり、斜面に足をとられてすべったりしないように、ポールでサポートして下ります。下りでは、必要以上にスピードが出ないように、ポールでサポートしながら、スピードをコントロールしてください。

　突いた方のポールと前足に大きな圧力（体重）がかかるので、足への負荷が軽減され、ヒザへの衝撃を少なくしてくれる効果もあります。

　上りでも下りでも、基本テクニックは平地と同様です。ポールを突くことで体を支持する部分が増えるので、ポールを使わないより時よりも、歩行が安定し、腰や足の負担を軽減することができます。

　急斜面や階段では、必要以上にスピードが出ないように、またすべって転ばないように、ポールを前方に置かれた足よりも前に突くことで、スピードコントロールをします。また体を支持することで強い衝撃から腰や足を守ります。

　とくに注意したいのが、スピードコントロールのために前に突いたポールに体重をかけること。これは絶対にやめてください。斜面でポールがすべった場合、即転倒につながります。あくまでポールはサポートとして利用して、しっかりと足を使って下りましょう。

　足はヒザから下を中心に動かしていくイメージになります。ポールワークは、片方のポールに長く荷重しないように、足の動きに合わせてヒジを中心に素早く交互に動かします。ポールを利用することで両足にかかる負担が減り、すり足の要領で軽く動かすことができます。

POINT

下りでは、どうしても足元が気になってしまい、目線が下がってしまいます。しっかり進行方向を見ることで、安定した姿勢で下ることができます

3章　下りの基本

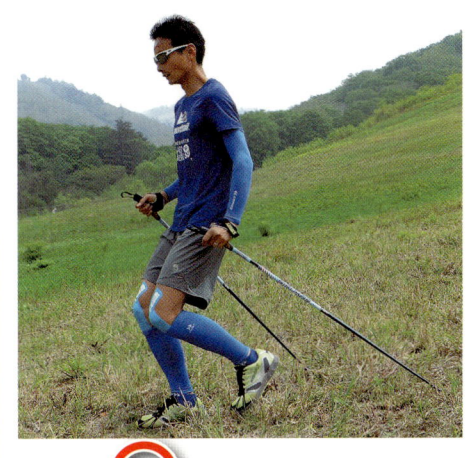

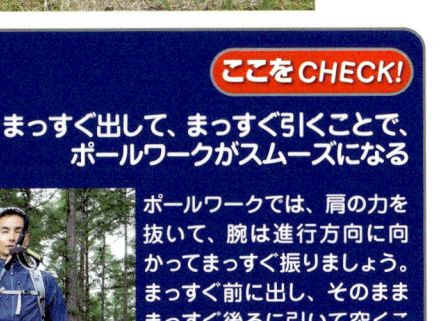

ここをCHECK!

まっすぐ出して、まっすぐ引くことで、ポールワークがスムーズになる

ポールワークでは、肩の力を抜いて、腕は進行方向に向かってまっすぐ振りましょう。まっすぐ前に出し、そのまままっすぐ後ろに引いて突くことで、パワーをロスすることなく、しっかりポールで地面をとらえることができます。グリップが胸の前にくるようなポールワークはNGです。体の軸を意識しながら立ち止まった状態で、反復練習することで矯正できます。歩く時も走る時も、つま先は進行方向です。この基本を守らないと、ヒザを痛めたり、足首をねんざしたりと、足に負担をかけてしまいます

下りの基本 08 — Downhill Fundamental Technique
木段や石段などの階段を下る
まっすぐ下ることを意識しすぎない

3章　下りの基本

小刻みに少しステップしながらジグザクに下った方が、階段に歩幅を合わせることができる

　山の中にある木の階段や石段などは、街中にある階段とは異なり、一段の高さや段の上の幅が一定ではありません。このことを、頭にしっかり入れておきましょう。基本のフォームは、肩の力を抜いて「脱力」して、特に腰から下を柔軟に保ちます。上体が力んでいると、足がスムーズに動きません。

　目線は、足元の階段を確認しつつ、たまに前方の様子をチェックすることが大切です。まっすぐ下ることを意識しすぎて、階段に合わせて細かいステップワークで下ると、足の動きと上体の動きがリンクしなくなり、バランスを崩して、上げた足のツマ先が木に引っかかったりするので注意しましょう。歩幅と段差が合わなくなると、一段飛ばしなどで階段を飛び越してしまうような状態になってしまうかもしれません。大きく階段を飛び越してしまうと、着地で足に負担がかかり、転倒や暴走の原因になるので注意しましょう。

　体の軸が大きくブレないように意識して、少しだけ左右に小刻みに少しステップしながらジグザクに下った方が、リズミカルに階段に合わせた歩幅で下ることができるので、足の動きと上体の動きが一体になり、しかもスピードも調整して下ることができます。また、できるだけフラットな地面など状態のいい場所を選んで足を置いていきましょう。

　雨などで濡れている木段や、腐っているような木段、急斜面の木段は、スリップしやすいので、なるべく木に乗らないようにしながら、細かくステップしてください。危険だと感じたら、走らずゆっくりと一段一段歩きながら下ってください。

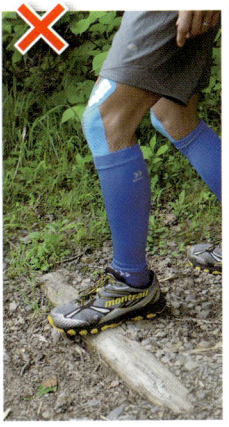

ここを CHECK!

基本はフラットな地面に足を置く

階段の状況によっては、丸太につま先を乗せたり、土踏まずを乗せたりすることもありますが、丸太が動くこともあるので、基本はフラットな地面に足を置きましょう。丸太の上に着地すると、足首がグラグラと不安定になり、ねんざしやすくなります。

下りの基本 09

Downhill Fundamental Technique

ガレ場を下る
小刻みに左右にステップを踏む

体の軸がつねに体のまん中にあることを意識して、上体を安定させていくことが重要

　ガレ場は、大きな石や小さな石がまじって、しかも地面が柔らかいことが多いので、下りとはいえ、まずはスピードを調整しながら、転倒しないように慎重に下ることが大切です。基本は、浮いているような岩に乗るのは避けて、細かい石の上か、大きな石の上であっても足をフラットに置けるような場所を選びましょう。

　ガレ場でも、走り方の基本は同じ。小刻みに左右にステップを踏みながら下っていきましょう。ただ、足場の悪いところを避けながら走るために、普通の下り以上に足を置く位置が左右にふられてしまうこともあるので、体の軸がつねに体のまん中にあることを意識して、上体を安定させていくことが重要。

　目線は、足元を見つつも、つねに進行方向のトレイルの状況を確認していきましょう。危険を感じたら、歩きに変えていくことをお勧めします。急斜面のガレ場は、足を乗せた弾みで岩が動いて、そのまま落石につながる可能性が高いので、自分より下に登山者やランナーがいたら、注意して通過しましょう。

3章　下りの基本

恐怖心を抑えるために、体の正面が斜面下に向く時間を少なくする

ここをCHECK!

上半身を斜面下に向ける時間を少なくするように蛇行して下ることで、恐怖心を抑えることができます。
スキーをやったことのある人は理解できると思いますが、急斜面に立った時、体の正面を横に向けている時は怖くはないはずですが、斜面下に体の正面を向けたとたん、真っ先に恐怖心が湧いてきます。急斜面のトレイルもこれと同じ。慣れないうちは、恐怖心を抑えるためにも、なるべく体の正面が斜面下に向く時間を少なくするよう、小刻みに蛇行しながら下ってみましょう。大きな石のガレ場では、ガニ股で走ると足を痛めることがあるので、蛇行して下ることが基本です

下りの基本 10 — Downhill Fundamental Technique
細かい石のガレ場を下る
ガレ場をすべるように下る（スライド走法）

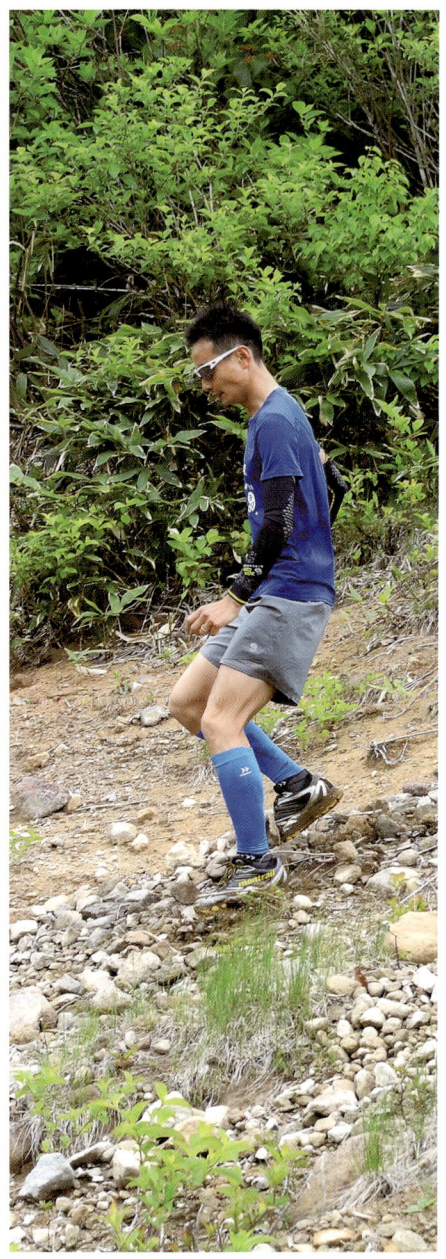

3章　下りの基本

シューズのソールをスキーのようにイメージして、斜面をすべる

　ガレ場の下りで、前モモが疲れてしまう原因として、スピードが出ないようにブレーキをかけながら、しかも地面からの衝撃を吸収するからと考えられます。なので、これ以上疲労が蓄積しないように、ジャンプするように下るのは避けましょう。ますます前モモへの負担が増加してしまいます。また、ジャンプすると、着地の時に石などでケガをする危険性が増えてきます。

　そこで下りは、腰が引けないようにしながら、上半身を起こし、腰から下を柔らかくして、シューズのソールをスキーのようにイメージして、すべらせます。足に重心を乗せながら、斜面をすべるように足をスライドさせて下ってみましょう。足は大きくステップするのではなく、あくまで足を地面から離さないように下りてください。

　この走法だと、疲労を最小限にして効率よく下ることができます。ただしこの走法は、緩斜面とか固い地面などでは使えません。

　あくまで、地面が柔らかい場合で、たとえば細かい石などのガレ場や砂地などの急な斜面で有効となります。

　スライド走法は、うまくスピード調節しながら疲労を少なくして下れますが、デメリットとしては、地面にある岩や木の根に足が引っかかり、転倒などの危険があること。足元をよく確認しながら、地面から足裏に伝わってくる感覚を瞬時に察知することで、リスクを回避することができます。

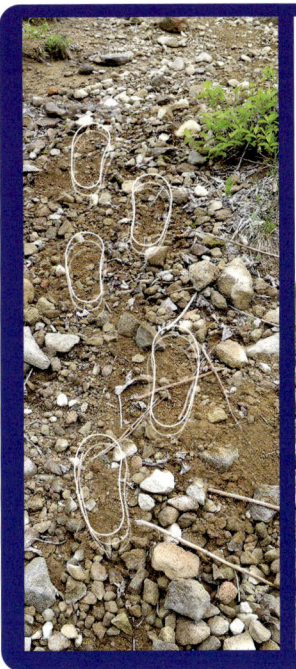

ここをCHECK!

荷重していく足裏の場所は、親指の下（拇指球）

　トレイルの状況を確認しながら、腰が引けないように、足を積極的にすべらせていきましょう。すべる時に荷重していく足裏の場所は、カカトではなく、親指の下を意識しましょう。相当急な斜面の場合は、自然とこの走法を使うことになりますが、交互に足をすべらせるというより、自然にすべり落ちていく感覚で下っていきましょう。写真でわかるように、すべった跡がしっかり斜面についています

下りの基本 11

Downhill Fundamental Technique

石の上に乗る時の荷重のかけ方

グラッときたら、岩から素早く足を外す

素早いステップで荷重位置を移動させることで、不安定な岩や石から足をいち早く外す

　ガレ場は、細かい石や大きな石、岩などが入り交じってできている場合が多い。とくに注意したいのが、上から見て「乗れそうな大きな岩や石だ」と思っても、案外、地面にしっかり埋まっていなかったりして、グラグラしているものも多い。上りでは、ある程度、岩や石の状況を確認することができますが、下りではそうはいきません。もし判断を誤って、このような不安定な岩や石に乗った場合、瞬時に荷重を逃がしてあげましょう。

　写真②のように、右足を乗せた岩や石が、乗った瞬間に少し動いたとしましょう。岩や石が動いたことを感じても、そのまま乗せた足に大きく荷重をかけてしまうと、岩や石はその荷重でもっと動いてしまい、さらに不安定になってしまいます。そうなると、最悪は動いた岩や石に足をとられ、足をケガしてしまったり、バランスを崩して転倒してしまいます。

　写真2で、岩が少し「グラッ」と動いたので、写真の3枚目で瞬時に荷重している岩から足を外しながら、反対側の足に荷重しています。このように、素早いステップで荷重を移動させることで、不安定な岩や石から足をいち早く外すこと

3章　下りの基本

が可能になります。ただこれはあくまで、不安定な岩や石の場合に使うテクニックで、固定されている岩や石にはしっかり荷重していきましょう。素早い判断とアクション、そして、事前の予測（勘）が求められます。

このようにガレ場を下るには、臨機応変な素早い対応が求められるので、ランナーの経験がものをいいます。初心者は、ガレ場のみならず、さまざまなトレイルを経験することで、どんどんスキルアップしていくので心配いりません。ロードと異なり、さまざまなトレイルを経験できるトレイルランニングは、これだからおもしろいのです。

ここをCHECK!
無理して、岩や石に乗らない

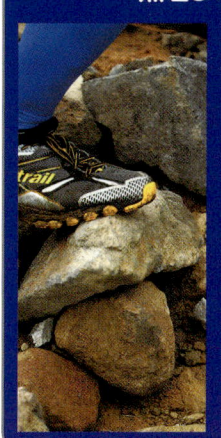

経験を積んでいくと、危険を察知する能力がついてきます。ただ、ガレ場の下りが慣れていない人は、大きな岩や石の上に足を乗せることはなるべく避けて、歩幅を小さくして、ゆっくりと確実な足場を選んで下ることをお勧めします。このように、石が重なっているような場合は、十分な注意が必要となります

下りの基本 12
Downhill Fundamental Technique
ジェットコースター走法
下りの勢いを使って上る

3章　下りの基本

下りを勢いよく下れるテクニックと、安定して走れる下半身、バランスを保つ上半身が必要

　ジェットコースター走法とは、まさしくジェットコースターのように、下りの力を次の上りに効果的に使う走法です。

　簡単に言えば、下りでつけた勢いを次の上りに生かすことで、より楽に早く上ることができ、しかも無駄な体力を使いません。

　下りから上りに変化するこのようなトレイルは、稜線上のトレイルには無数に存在します。下りでしっかりと加速できそうな場所に遭遇したら、ぜひ試してみてください。

　ただし、下りを勢いよく下れるテクニックと、安定して走れる下半身、バランスを保つ強い上半身が必要となってきます。また、普段の下りよりスピードが出てしまうので、上体のバランスが崩れてしまうことがあるので、転倒しそうになった時のリカバリー能力も必要となります。

　スピードが出る下りでの転倒は、大ケガの可能性が高いので、十分な注意が必要です。下りは、ストライドを伸ばしてしっかりスピードに乗っていき、そのまま惰力を使ってスピードが落ちるまで上っていきましょう。スピードが落ちた後は、しっかり前傾しながら通常の上りの走り方が必要となります。

　このテクニックは、レースではとくに有効になるので、このような場所では、レースの練習だと思って、ぜひ一度試してみてください。成功すると、けっこう気持ちがいいものです。

ここをCHECK!
いちばん低くなっているところは要注意

下りから上りへの大きな変化に対応していかなければなりません。下りの歩幅の広めのストライドから、上りの歩幅の狭いストライドへと、スムーズに移行してください。とくに下りと上りの境目は、地形の変化が激しいので、足をとられないように十分な注意が必要となります。また、このようなトレイルの場合、雨が降った後にいちばん低い場所に水がたまっていたり、ウェットになっていたりします。スピードがもっとも出ているポイントと重なるため十分に注意しましょう

下りの基本 13

Downhill Fundamental Technique

木の根のある下り
腰から下を細かく柔らかくひねる（ツイスト走法）

❶ ❷

腰をツイストさせながら、両足だけを極力木の根の生え方に合わせて動かす

　トレイルランニングは、大自然の中を爽快に走るスポーツですが、大自然の中にあるトレイルはなにひとつとして同じ状況はありません。自然の中だからこそ存在するのが、トレイルを這うように存在する木の根です。ロードでは、まったくあり得ない状況と言えるでしょう。

　トレイルに縦横無尽に伸びた木の根には、太く、根と根の間が深く階段状になったものもあれば、トレイルを細かく覆うようなもの、さらには木の根の間に岩や石がからんでいるような複雑なものまで、同じ状況のものはありません。

　このようなトレイルを確実に下るためには、安定した上体から繰り出される、両足の運びを駆使したテクニック。腰から下を細かく、しかも柔らかくツイスト（ひねる）させることで、比較的安全に速く下ることができます。

　たとえば、進行方向に対して横方向に伸びている2本の木の根の間に足を置こうとしたら、足は進行方向に対して90度に置くことになり、一瞬、進行方向はツマ先方向になります。そして、木の根の状況によっては、次の一歩はその状態から180度近い場所に足を置かなければなら

3章　下りの基本

ないこともあります。
　この時、全身で方向変換をしていると、ロスが多くなるので、腰のツイスト運動で足の向き（進行方向）を変えていきます。こうすることで、足の動きに対して、上半身の向きはつねに斜面下を向くことになります。腰をツイストさせながら、両足だけを極力木の根の生え方に合わせて動かすことで、上半身の無駄な動きを少なくすることができます。上半身の動きが少なくなれば、上体が安定するので、確実に木の根をクリアしながら下れます。このテクニックは、ガレ場でも有効なので、ぜひ試してみてください。

ここをCHECK!
ブレない体の軸を意識することが大切

体の軸が極力左右にブレないように意識することが大切。上半身が安定していれば、木の根の状況に合わせて、腰を使って柔らかくリズミカルにひねることで、細かいフットワークが可能になります。木の根の状態を瞬時に判断するのは、最初からは難しいと思いますが、経験を積めば積むほどスムーズに走ることができます。日常生活でめったにない動きなので、楽しいですよ

下りの基本 14

Downhill Fundamental Technique

倒木のかわし方
ジャンプして飛び越えたりしない

倒木の両脇を通過できるような場合は、そこを通過する

　トレイルに横たわっている倒木がある場合は、まず、かなり手前からしっかり全体の状況を目視してください。何度も走ったことのあるトレイルを除いて、必ず、倒木の手前でスピードを落として、慎重に通過することを考える必要があります。倒木の向こう側は手前からでは死角になって見えません。

　登山者やハイカーの多くは、トレイルのまん中を、倒木をまたぎながら通過していると思われます。こういう場合は、倒木の向こう側は、たくさんの人が通過しているので、くぼんで大きな段差になっているかもしれません。もし、倒木の両脇を通過できるような場合は、少し遠回りになってしまいますが、そこを通過することをお勧めします。

　人が通過していない分、地面の状況もよく、しかも段差も少ないので、安心して通過することができるでしょう。いちばんよくない方法は、倒木を無理して飛び越えようとしてしまうことです。

　思い切って倒木のまん中を飛び越えたりするのは、できれば避けたいところ。ジャンプした後の着地点が見えないので危険です。

3章　下りの基本

ここを CHECK!

倒木は腐っているかもしれないので、極力乗らない

倒木に限らず、前方の状況がよく確認できない場合は、不安な場所にさしかかる手前でスピードダウンすることが大切。下りはスピードがついているので、早め早めの対応が不可欠

倒木に乗って越えようとするのも避けましょう。もし、倒木が腐っていたら、足を乗せた衝撃で折れてしまうかもしれません。これもケガにつながるので、十分な注意が必要です。また、乗ろうとする動きで余計な筋力を使ってしまうので要注意

下りの基本 15

Downhill Fundamental Technique

バンクを使ったコーナリング

自分の筋力に合った、進入スピードを見つけ出す

① ②

3章　下りの基本

バンクの傾斜に合わせて、「体の軸を垂直」を意識して上体を傾ける

　下りの急カーブのようなトレイルは、コーナーの外側にある土手（バンク）を使って通過するテクニックがあります。バンクがないようなコーナーでは、コーナーに入る前にコース状況を予測して、コーナー手前でスピードを落とします。一方、コーナー手前でバンクがあることを確認できたら、このバンクを積極的に利用して、スピードをなるべく落とさないで下ることができます。

　コーナー手前から、バンク全体の状況を把握しながら、コーナーの大きさやバンクの大きさ、走ろうと思うラインを考えて、バンク手前で、自分の曲がれる速さを考えてスピードをコントロールします。そして、走ろうと思うラインめがけてバンクに走り込んでいきます。バンク内では、走るラインはなるべく短くして思い通りに通過できたら、早めにバンク内側の平らなコースに戻りましょう。

　バンクの傾斜に合わせて、「体の軸を垂直」を意識して上体を傾けることで、遠心力に対応できます。自転車競技のバンクと同じだと考えてください。

　曲がれそうもないスピードでバンクに入ってしまうと、相当な筋力がない限り、いくら体の軸を傾けても遠心力で体がつぶされてバランスが崩れ、バンクの外側に体をもっていかれてしまうので危険です。このテクニックは、ある程度慣れと筋力が必要なので、最初のうちはバンク手前でしっかりスピードを落として、走り込んでいきましょう。

　慣れてくると、カーブの大きさとバンクの状況に応じたスピード調整ができるようになります。そのためには、バンクをクリアできる自分の筋力に合わせたスピードを、見つけ出していきましょう。

❸　　　　　　　　　　❹

下りの基本 16
Downhill Fundamental Technique

曲がりくねった細いトレイルを下る
くぼみの両脇の高いところは走らない

3章　下りの基本

トレイルのラインに沿って、前傾姿勢を意識しながら、大きなスライドで一気に下る

　トレイルには自然の地形に合わせて、いろいろな種類のトレイルが存在します。たまに見かけるのが、写真のように地面を掘ったようなくぼみがあるトレイル。人ひとりが通れるくらいの幅のものもあります。この場合まず注意しなければならないのは、下から人が上ってこないかを確認することです。特に、細いトレイル内に人がいる場合は、上りきるまで待ちましょう。
　くれぐれも、両脇の高くなっているところを走るのは厳禁。トレイルランニングのルールは、「道ではないところは走らない」です。
　下に人がいないことが確認でき、トレイルのラインに沿ってそのまままっすぐ走れるような状況だったら、前傾姿勢を意識しながら、大きなスライドで一気に下ります。また雨が降ると、このくぼみが雨水の通り道になって、すべりやすくなっていることがあります。雨上がりは十分な注意が必要です。

ここをCHECK!

下りは、大きくジャンプすると、下半身と上半身の動きがバラバラになる

よく見られるのが、左右の壁になっている地面を大きく蹴ってステップする下り方。壁になっている地面を蹴ることで、減速しようとしているのか、スピードを出そうとしているのか、その人に聞いてみないとわかりませんが、このように大きくジャンプすると、下半身の動きと上半身の動きがバラバラになります。大きくバランスが崩れるばかりか、着地の衝撃での足への負担が大きくなり、大変危険です。左右に大きくステップを踏むため、逆にスピードロスになってしまいます。このようなトレイルは、できれば下りの基本を忠実に守って下ることが大切です

下りの基本 17
Downhill Fundamental Technique

直線的に走る
トレイルの状況がよければ、ムダな重心移動を避ける

走りやすそうなコースは、できるだけ、重心を左右に移動させずに直線的に下る

　自転車やクルマの運転をしたことがある人なら、直感的に理解できると思いますが、自転車やクルマはまっすぐ走っている時が、いちばん安定しています。

　これは、走っている人も同じと言えるでしょう。まっすぐ走ることに集中できれば、余計な動きは不要となり、多くの能力を集約させることができるので、スピードも出すことができます。

　ところが、トレイルランニングは自然の中を走ります。

　当然走るコースは、真っ平らの地形ではなく変化しています。ただ、変化が小さく走りやすそうなコースの場合は、ムダな重心移動を避けて、できる限り直線的に下ることを基本に考えましょう。

　トレイルを直線的に下り、上下左右の重心移動はできるだけ避けます。このことにより、走る距離が少なくなり、走る時間も短くなります。

3章 下りの基本

下りの基本 18

長い下りは、スピードを調節する
蛇行しながらの回転走法で、オーバースピードを防ぐ

肩の力を抜いて腕の振りをコンパクトにすることで、腕で上半身の動きを最小限に抑える

ある程度斜度があって、見通しのいい長い下りは、気がつかないうちに、思わぬスピードが出てしまうものです。スピードを調節するために、トレイルの状況に合わせて、軽くステップを踏みながら、小さくジグザグに蛇行して走るとよいでしょう。ただ注意すべき点は、小さくジグザグに走るため、一歩一歩の歩幅が不規則になって、上体が不安定になってしまうことです。安定して走るには、肩の力を抜いて腕の振りをコンパクトにすることで、腕で上半身の動きを最小限に抑えることができます。

比較的走りやすいトレイルの下りで、足が前に詰まってしまう人や、一歩一歩ツマ先から着いて、ブレーキをかけながら下ってる人がいます。これだと、前モモが疲労しやすくなる上に、足がシューズの中で詰まって、ツマ先が痛くなってしまいます。

そこで、ツマ先でブレーキをかけるのではなく、足の裏全体で着地したら、カカト方向に押すようなイメージで、足を回転させるように動かします。すると、スピードにも乗りやすく最小限の疲労で走れます。これが回転走法です。ただし、オーバーペースには十分に注意してください。

前方を確認 / **足元を確認**

ここをCHECK!
目線は、足元→前方→足元、というふうにいつも動いている

いつも地面がいい状況とは限らないので、足元だけを見て走らない。自分の進んでいこうとするトレイルがどうなっているか見極めながら、早めに着地点を探しながら足を運んでいきましょう

下りの基本 19

Downhill Fundamental Technique
急斜面は小刻みなステップで走る
急斜面ではスピードをコントロールしながら走る

足のカカトを地面に突き刺すような意識で、足裏全体で小刻みなステップを踏む

　斜面が急になればなるほど、暴走しないようにスピードをコントロールしながら走る必要があります。トレイルの幅が広ければ大きく蛇行することで対処できますが、大きく蛇行できないような急斜面の場合は、足のカカトを地面に突き刺すようなイメージで、足裏全体で小刻みなステップを踏みながら、小さく蛇行して下りましょう。

　また急斜面の場合、シューズのソールが地面にしっかりグリップしにくい状況が多いため、どうしても腰が引けた状態になりがちです。
　しっかり、足の上に上体があることを意識して、体が遅れないようにすることで恐怖心がやわらぎます。最初から走るのが怖いような急斜面の場合は、歩いて下りてください。

3章 下りの基本

足場の悪い時のコース取り
人が通った跡は、トレイルの状態がいいはず

速く走ろうとして、直線的なラインばかりを意識しない

下りのラインの取り方は、人が通った跡を走るのが基本となります。速く走ろうとして、直線的なラインばかりを意識しないようにしましょう。人が通った跡は、当然、トレイルの状態がいいはずです。人の通ってないラインは、大きな石が出ていたりして、決して状態はよくありません。ジャンプしなければならないような障害物があると、必要以上に筋力を消耗してしまうのと同時に、着地でのケガのリスクが高くなります。無理なライン取りで得することはありません。

下りの基本 21

Downhill Fundamental Technique

コースのまん中にあるくぼみを避けて下る
雨の後はウェットになっているので危険

人が通っている高い場所を選んで走ることで、事前にリスクを回避する

　トレイルに浅いくぼみのようなものがあったら、できるだけそのくぼみは避けて、高い場所を選んで走るように心がけましょう。くぼみには、小石や木の枝、落ち葉など、走るのに邪魔なものがたまっていることがあります。また雨が降ると、そのくぼみは雨水の通り道になってしまうので、雨上がりはしばらくウェットになっています。

　下りはスピードが出ているので、地面が濡れていると、すべって転倒の確率が高くなります。
　かけなくていい余計なプレッシャーはなるべく排除して、いつも気持ちよく走りましょう。トレイルランニングは、いろいろな状況が次々に現れてくるので、できるだけリスクになるような場所は避けることが大切です。

3章 下りの基本

下りの基本 22

ポールを使ってガレ場を下る
ガレ場での上体の不安定さをポールでサポート

ポールに頼って歩くのではなく、あくまでポールを使って体を補助して歩くイメージ

　急勾配のトレイルや、長い距離のトレイルの場合、機会があったらポールを使ってみてください。下りでかかる足への衝撃は、平地での3倍から4倍と言われ、ポールを使うことで、ヒザなどにかかる衝撃を分散してくれます。レースでは、ポールを使用するとタイムをロスすると言われているようですが、これから始めようとしている人や、スポーツとして楽しみたい人は、一度試してみるといいでしょう。

　ガレ場の下りの場合の基本的な使い方は、ポールは体の前に突いて歩きます。ポールはあくまで体のサポート。下りだからといって、ポールに頼ろうとするあまり、上体を前にもっていき、ポールに体重をかけることはやめてください。あくまで、ガレ場での上体の不安定さをポールでサポートすると考えてください。

　ポールに頼りすぎて、重心が前後左右に大きく動いてしまうような使い方はやめましょう。

　下るのに不安定なガレ場で、足がすべったり、不用意にスピードが出たり、バランスを崩したりしないように、あくまでポールを使って体を補助して歩くというイメージが大切です。

ここをCHECK!
岩と岩の間にポールの先が引っかからないように注意

体の下に、安定してポールを突ける場所を探し、体重を一部あずけ上体を安定させます。ポールを突いたら、足を置いていきます。ガレ場の場合は、両手でポールを突き、上体を安定させてから足を動かすなど、いつも手と足が交互に動かなくてかまいません。ポールを動かす時は、岩と岩の間にポールの先が引っかからないように注意しましょう

「足の疲れの原因は足の裏にある」シューズ本体だけでなく、カスタムインソールの重要性を認識しよう

運動しなくても、仕事で一日中立っていたり、オフィスの中を歩き回っただけでも、足には疲労が蓄積され一日の終わりには足が重く感じたり、ヒザが痛くなったりするはず。つまり、立つ、歩く、走る、跳ぶ、といった人間の動きでは、足には常に強い衝撃が加えられています。ましてや激しい動きや耐久性・持久性を要求されるスポーツの場合には、足にかかる負担は想像以上のもの。トレイルランニングは、一日中、トレイルを上ったり下ったり、日常生活にはあり得ない動きが多く、間違いなく疲労が足に蓄積されます。

人間の足は車でいえばサスペンション。家でいえば土台に例えられる部分が多く、この部分がしっかりしていないと、すべてにおいてパフォーマンスを発揮できません。足の裏もそれと同じ。足裏には土踏まずと呼ばれるアーチ構造の部分があり、この部分が衝撃吸収効果やパワーの伝達などの役割を果たしますが、反面、体全体の疲労やバランス感覚に大きな影響を与えています。

土踏まずに疲労が蓄積されてくると、バネのようにしなやかに働いていたアーチがどんどんなくなり、足にかかる衝撃を効果的に分散することができなくなります。この状態では、足の裏ではなくフクラハギやヒザに疲労を感じるようになり、最適なパフォーマンスを発揮できません。足全体の疲れの原因は、実は足の裏にあるとも言えます。

そこで必要となってくるギアがカスタムインソール。カスタムインソールは土踏まずのアーチ構造を保持し、つねにその人にとってベストな状態を保つようサポート。その結果、人間が持っている本来の能力を発揮できるだけでなく、その能力を長時間にわたって維持することができます。

カスタムインソールの特徴は、足の裏にピッタリとフィットするので足の裏に伝わる情報量が多くなることで足裏感覚が鋭くなり、細かく変化する地面の状況を的確に捉えることが可能になります。たとえばトレイルが、一般の登山道からガレ場に変化しても、瞬時に的確に対応できるようになります。もちろん隙間なく足裏にフィットするということは、パワーを無駄なく伝達できるということにもつながり、踏ん張りがきくようになります。

この他にも足のバランスが矯正されるため、外反拇趾などの症状の防止や緩和などにも効果が認められているので、「今までどうしてもシューズがしっくりこなかった」という悩みを解決する有効な手段と言えるのではないでしょうか。

4章
さまざまなトレイルの攻め方と注意点
特殊な状況に対応する能力を身につける

CONTENTS
- 01/ 連続したコーナーの攻め方 — 098
- 02/ 緩斜面から急に急斜面に変わる場合 — 100
- 03/ 川渡り — 102
- 04/ 丸太を束ねた橋のわたり方 — 104
- 05/ ぬかるみの走り方 — 106
- 06/ 砂利が深く敷き詰められた急斜面の下り — 108
- 07/ 落ち葉の敷き詰められたトレイル — 110
- 08/ トレイル脇の小枝や草は極力避ける — 111
- 09/ 木が置いてあるトレイル — 112

トレイルの攻め方と注意点 01

Strategy of various trail types

連続したコーナーの攻め方
上体をコーナーの内側に倒す

コーナリングできる速さに合わせた姿勢と体のバランスを考え、トレイルの状況を早めに確認してスピードをコントロールする

　下りが連続したコーナーというのは、カーブの連続、つまりコーナリングの連続です。直線がほとんどないか、コーナーとコーナーのつなぎにかろうじてあるかどうかです。

　しかしほとんどの時間をコーナリングしているわけですから、コーナーに入ったら、細かいステップでスピードをコントロールして、コーナリングの速度を極端に落とすことなく走るのが理想です。

　いかにS字手前までのスピードをキープしたまま、連続したコーナーをスムーズにクリアできるか。これが連続したコーナーにおけるコーナリングのキーポイント。コーナーに入る前に、ある程度そのコーナーに安全に入れるスピードまで落とす必要があります。

　直線部分では、スピードを上げ、コーナー直前では細かいステップでスピードを落とす、その繰り返しを続けることで、スピードを維持した走行が可能となります。ただし、木の根が張り出していたり、急な段差があったり、ガレ場があったり、テクニカルなトレイルが多いです。転倒

4章　さまざまなトレイルの攻め方と注意点

クニックを練習しましょう。スピードを出した状態でコーナリングをする際、上体をコーナーの内側に倒して、地面に足をしっかりグリップさせながら走ると上体が安定します。

　コーナーがバンク状になっていたら、最大限にその地形を利用してください。コーナーの手前から、トレイルの状況を早めに確認して、コーナリングできる速さに合わせた姿勢と体のバランスを考え、スピードをコントロールしてください。ひとつ目のコーナーをクリアしながら、次のコーナーの状況を見ることも必要です。ひとつ目がスムーズにクリアできると、その流れで、次のコーナーもクリアできるものです。

　連続したコーナーを、走りながら確実にクリアしていくには、繰り返しの練習でスキルアップしてください。

に十分注意して、素早い認知と判断が必要になります。

　トレイルランニングでは、下りのコーナリングがどうも苦手だと感じている人が多いはずです。たぶん下りの連続したコーナーを苦手としている人は、スピードのコントロールが苦手なのではないかと思われます。

　下りの場合は、ブレーキをかけないで走ると、どんどん加速していってしまいます。細かいステップで、足への負担を最小限にし、スピードをコントロールするテ

ここをCHECK!
コーナーの手前で確実にスピードに落とす

下りのコーナーに慣れていない人やコーナーが怖い人は、手前から確実にコーナリングできるスピードに落としてから、コーナーに入っていってください。とくに急なコーナーの連続の場合、スピードを出せないので、コーナーの内側を走る最短コースをとるとロスしません

トレイルの攻め方と注意点 02

Strategy of various trail types

緩斜面から急に急斜面に変わる場合
手前でスピードを必ず落とす

斜面変化を目視できたら、体の軸を少しだけ後ろに倒しながらブレーキングする

　下りの緩斜面は、誰しもストライドを伸ばし、気持ちよくスピードを出して走れるものです。ただ、いつまでもこの緩斜面が続くとは限りません。時には、緩斜面から突然カーブしながら急斜面に変化したり、急に階段が出てきたりするので、トレイルではその変化に対応する能力を身につけなければなりません。

　緩斜面から急斜面の変化への対応は、つねに前方の状況をチェックすることが大切です。

　前方の状況変化への対応と、足元の変化への対応のために、遠くと近場を交互に確認しながら走る必要があります。下りのトレイルでもっとも大切なことは、どんなトレイルであっても、つねに目視して先の状況を確認しながら走ることです。

　スピードが出ている分、つねに目の前にあるトレイル状況に応じた早い判断をしながら走る必要があります。自転車やクルマの運転と同じように、突然対応しようとしても間に合いません。

　つねに前を見ることを意識することで、いつも安全に楽しむことができます。そして、ここで絶対にやってはいけないのはスピードオーバー。スピードオーバーは自分にとっても、先を走っている人にとっても大変危険です。スピードの落とし方は、斜面変化を目視できたら、上体の前傾をやめて、体の軸を少しだけ後ろに倒しながら、細かいステップでスピードを落としていきます。またもうひとつの方法は、手前で蛇行しながらスピードを落としていきます。

ここをCHECK!
常に進行方向の状況を確認する

　トレイルは自然の中に作られた道です。どんな状況があってもおかしくはありません。だから、素早く確実な状況判断を求められるのです。楽しみながら走ることはもちろんですが、思わぬアクシデントは避けたいところ。ただ漠然と上ったり下ったりするのではなく、つねに進行方向の状況を意識しながら進むことが重要です。スピードが増せば増すほど、足元から前方へ、前方から足元へ、目線を素早く動かしながら、トレイルの状況を判断する必要があります。トレイルに慣れてくると、たとえ危険に見えなくても、「あれっ、なんか変だな」と、危機回避能力というか第六感的なものが働くようになります。自然を楽しみながら走るのがトレイルランニングの魅力ですが、スポーツとしての感性も必要とされます

4章　さまざまなトレイルの攻め方と注意点

POINT　緩斜面から階段へと変化するトレイル。この場合は、緩斜面での1回のブレーキングで階段に入っています。緩斜面でのブレーキングの回数は、それぞれの場面で異なりますが、共通して言えることは、緩斜面での早めの状況チェック。とくに初めて走るトレイルでは、先に何があるかわかりません。早め早めのチェックは怠らないようにしましょう

トレイルの攻め方と注意点 03

Strategy of various trail types

川渡り
川の底をシューズのソールで感じながら走る

4章　さまざまなトレイルの攻め方と注意点

川渡りは、足への水の抵抗を減らすために、しっかり太モモを上げて走る

　川渡りがあるトレイルは、日本では少ないですが、暖かいシーズンには気持ちよく大変魅力的なトレイルと言えるでしょう。川渡りといっても、特別なテクニックがあるわけではありません。まず注意したいのは、見た目では、川の底に何が潜んでいるかわからない、どのくらいの水深があるかもわからないこと。

　特に、前日の雨で水かさが増している場合は、大変危険なので、このような場合は絶対に渡らないようにしてください。雨が降った後は、水が濁っていて、しかも水流が速くなっています。

　川渡りは、スピードを出して渡るというより、川の底をシューズのソールで感じながら、慎重に走る必要があります。場合によっては歩いた方がいいかもしれません。また、川の中では、水の抵抗があるので、疲れてくるとどうしてもその抵抗で足が上がってきません。

　とくに、下流から上流に進むような場合や、川の流れが早い場合は、注意した方がいいでしょう。

　皆さんも水遊びで一度は経験したことがあるかと思いますが、両足を水の中につけたままで歩くと、水の抵抗でなかなか前に進みません。走るのもこれと同じです。両足を交互にしっかり水面から出すことで、余計な抵抗を減らすことができます。水の抵抗を受けてしまうと、筋肉に疲労がどんどんたまってしまいます。

　シューズの中に、砂利などが入ってしまうことがあるので、家に帰ったらしっかり乾かして砂利を取り除いてください。

ここをCHECK!

前傾姿勢を意識して、腕を大きく振る

平らな場所でのランニングと同じように、前傾姿勢を保ちながら、両腕を大きく振って走ってみましょう。足が自然と上がってくるはずです。目線が下に落ちると、前傾姿勢がとれなくなります。しっかり前方を見て、水の感触を楽しみましょう

トレイルの攻め方と注意点
04

Strategy of various trail types
丸太を束ねた橋のわたり方
足全体を一歩一歩ずらしていくイメージで渡る

4章　さまざまなトレイルの攻め方と注意点

片方の足のツマ先を進行方向へ向け、もう片方の足のツマ先を丸太と直角くらいの方向へ向ける

　丸太を組み合わせたトレイルは、細心の注意が必要となります。これは一目瞭然。木が丸い分、木と木のすき間が大きくなる上に、シューズのソールと木が接する面積が少なくなるため、シューズで確実に木をホールドすることができなくなります。平らな木とは比べ物にならないほど不安定になってしまいます。もともと、このように木を組み合わせたトレイルは、トレイルランナー用に作られているわけではないので、出会ったら最初からあきらめてください。

　丸太の場合は、とにかくスピードを極力落として渡りましょう。最初から歩いて渡るくらいの気持ちでいいかもしれません。もし怖いようなら、片方の足のツマ先を進行方向へ向け、もう片方の足のツマ先を丸太と直角くらいの方向に向け、土踏まずを丸太に乗せながら前足を一歩ずらしたら、後ろ足を一歩ずらしていきます。ヒザをしっかり交互に上げて歩くというより、足全体を一歩一歩ずらしていくイメージで渡りましょう。

　また、両腕でバランスをとることも忘れてはいけません。両足が丸太に接している時間が長ければ長いほど、上体は安定するはずです。

　また写真のように、苔が生えている丸太や、雨上がりの丸太は、ますますすべりやすくなっているので、落ちてケガなどしないように、細心の注意を払って渡りましょう。

ここをCHECK!
足の置き場はさまざま。自分がいちばん安定して渡れる足の運びを見つけ出す

場合によっては、足を丸太と丸太の間に入れて歩いたり、丸太が動かないようにしている鉄のクサビにシューズを引っ掛けるように乗せて歩いた方が安定するかもしれません。このようなトレイルにはさまざまな丸太のタイプがあるので、最終的には、丸太の状況を判断しながら、自分がいちばん安定して渡れる足の運びを見つけ出すしかありません

トレイルの攻め方と注意点
05
Strategy of various trail types

ぬかるみの走り方
雨の後でなくても、トレイルはウェットな場所が多い

4章　さまざまなトレイルの攻め方と注意点

ぬかるみは、上体の動きを極力抑えながら、細かいステップを踏んで走る

　自然の中は、雨上がりはもちろん、雨が降った直後でなくても、日陰などはぬかるんでいたりします。まわりに木々があり、陽が当たらないトレイルには、地面がウェットな場所があることを覚悟しなくてはなりません。新しいシューズで、このようなトレイルを走るのはちょっと抵抗があるかもしれませんが、このような場所を走れるというのも、トレイルランニングの大きな魅力と言えるでしょう。

　走り方はいたって簡単です。歩幅を大きくとったりヒザを高く上げたりすると、荷重が着地する方の片足に集中してすべってしまい、バランスを崩して転倒しかねません。ぬかるみは、上体の動きを極力抑えながら、細かいステップを踏んで走りましょう。スライドするように小走りで通過するイメージです。

　また、ぬかるみを避けようとして大きくジャンプすると、着地で足をとられたりするので危険です。ぬかるみを避けるために、トレイルでないところを走るのも厳禁です。自然保護のためにも、植物にダメージを与えないで走ることは、トレイルランニングのルールです。

　また、ツルツルした赤土のようなトレイルも注意した方がいいでしょう。赤土は、粘土状の土のため硬くしまっていて、しかも雨で濡れると表面が乾きにくく、いつまでもウェットな状態を保っています。すべらないように、しっかり足裏全体で着地していきましょう。ウェットな赤土は、最初から「すべるもの」という認識をもちましょう。

ヒザを高く上げて走ると、着地で必要以上にぬかるみにはまる

ぬかるみは、足の上下動を少なくして、すべるように細かいステップで踏み、なるべくぬかるみに深く足が入らないように走りましょう。ぬかるみに深く足をとられると、抜けるのに余計な筋力を使うことになります。スライド走法を使うといいでしょう

水たまりは、無理して飛び越さない

雨上がりの後の水たまりは、大小かかわらず、無理して飛び越すようなことはやめましょう。飛び越せなかった場合などを考えれば、誰もが判断できるでしょう。初心者などは、ペースを落として、確実に歩いてクリアした方がいいかもしれません。また、トレイルランニングは、無駄な動きをして余計な体力を失わないことが基本。ジャンプなど、必要としないアクションは極力避けましょう。できるかぎり、水たまりの脇に足を置く場所を見つけて、シューズが濡れないようにクリアしていきます

トレイルの攻め方と注意点 06

Strategy of various trail types

砂利が深く敷き詰められた急斜面の下り

上体を地面に対して垂直か少し前傾を意識する

4章　さまざまなトレイルの攻め方と注意点

足場の悪いトレイルは、肩の力を抜いて全身を「脱力」させて走る

　写真でもはっきりわかるように、砂利が深く堆積しています。しかも、相当な急斜面です。この場合は、着地した際に、シューズは砂利に深く埋まることは覚悟してください。深く埋まると、バランスを崩してしまうかもしれません。

　実際に4コマ目で、砂利に右足をとられてしまいバランスを崩しています。ハイスピードで下れば下るほどしっかり地面に踏み込んで走らなければならないので、このリスクは高まります。では、バランスを崩した場合、どうすればいいのでしょうか。トレイルランニングは、ロードのようにしっかり前後に腕を振るというより、肩の力を抜いて全身を「脱力」させて走ります。こうすることで突然のアクシデントには、腕の振りである程度バランスをとることができます。

　また初心者の場合、急斜面では恐怖心から腰が引け気味になりがちです。上体を地面に対して垂直か少し前傾を意識するといいでしょう。体の軸が後ろに傾くと、カカトから着地することになり、しっかりと足で地面をとらえることができません。慣れていない人は、スピードを殺して、ゆっくり下ることをお勧めします。

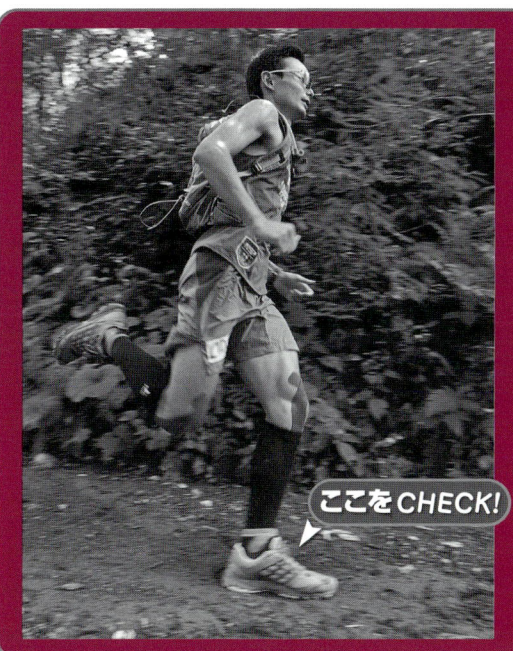

地面の状態が悪ければ悪いほど、ソール全体で着地するように意識する

　細かい小石が敷き詰められたトレイルは、案外、走りにくいもの。石が細かい分、スリップしやすい状況にあります。しっかりソール全体で着地するようにして、シューズのホールド力を使って、スリップしないように走りましょう。着地でシューズが埋まってしまうような場合も、ソール全体で乗り込んでいかないと、小石に深く足をとられて思わぬ転倒にもつながりかねません。砂の上を歩く時と同じように、走りにくく不安定な分、余計な筋力を使って疲労してしまうことがあるので、十分な注意が必要と言えるでしょう

ここをCHECK!

トレイルの攻め方と注意点 07

Strategy of various trail types

落ち葉の敷き詰められたトレイル
落ち葉は、足裏の感覚に意識を集中して走る

落ち葉によってトレイルの状態が見えないので、しっかり前方を確認する

季節の変化を味わえる秋は、トレイルランニングの楽しみのひとつ。しかし、落ち葉は走るのに足に優しくていいのですが、石や枝などが下に隠れていたり、地面が濡れていることがわからなかったり、落ち葉によってトレイルの状態が見えないので、十分な注意が必要です。

もし、大きな石などがある場合は、手前から見ると、落ち葉がこんもりと盛り上がったりしているので、危険回避のために、あえてそこは避けて通過しましょう。また、落ち葉は、トレイルのまん中に多くたまることが多いので、場合によっては、トレイルの両サイドを走ることもあります。

いずれにしろ、落ち葉でトレイルの状態が確認しにくくなっているので、足裏の感覚に意識を集中することで、突然のアクシデントにも対応していきましょう。

ここをCHECK!
トレイル状況は、「足裏で読む」感覚を養う

落ち葉に限らず、トレイルの状況が予測できない場合は、しっかり足裏全体で着地していきましょう。カカトやツマ先を使って着地すると、足裏で地面の状況を感じ取ることができません

4章　さまざまなトレイルの攻め方と注意点

08

トレイル脇の小枝や草は極力避ける
トレイルの両側にも注意を払う

小枝などが目に入らないように、トレイルランニングではサングラスは必需品

　狭いトレイルや樹木が豊富なトレイルの場合、両側から小枝や草が、大きく横まで生えていることがあります。半袖や短パンなど、肌を露出したウエアを着用していると、その小枝や草で肌を傷つけてしまうことがあります。冬場のトレイルでは、草が枯れているのでさほど問題ありませんが、小枝や草はできるだけ避けて走りましょう。

　とくに女性の場合は、肌を露出する部分を極力少なくすると、安心して走ることができます。トレイルは山の中にあり、そこにはどのような植物が生息しているかわかりません。

　たとえば、笹が出ている場合は、通過の勢いで肌を切ってしまうこともあります。また、あやまって小枝などが目に入ったらどうでしょう。そうならないためにも、サングラスは必需品と言えます。トレイルランニングでは、自分に影響およぼすようなリスクは、事前に避けるようにしたいものです。

　また、崩れた岩や石が堆積したガレ場を通過する時は、落石に十分注意したいもの。このような危険な場所を通過する場合は、つねに斜面の上方に目を配りながら素早く通過するようにしましょう。自分の足元の岩や石が、下にころがり落ちないように行動することは大切なマナーです。

トレイルの攻め方と注意点 09

Strategy of various trail types

木が置いてあるトレイル
木と木の境目に足を置かない

木の平らな部分に足を置く

　四角い木を組み合わせて、橋のようにして、歩きやすいように整備されているトレイルに出くわすことがあります。トレッキングを楽しむ人や登山者にはいいのですが、木と木のつなぎ目に、大きなすき間や段差ができているものも少なくないので、これを走るとなると少しやっかいです。

　基本は、木の平らな部分にしっかり足を置くことです。木と木の境目にシューズの一部が入ってしまったら、バランスを崩す原因になることはもちろん、最悪は転倒や足のケガにつながってしまうかもしれません。慣れないうちは、木の手前でスピードを落として、確実に渡ってください。また、雨上がりでは木が濡れているので、スリップにも十分な注意が必要です。

　ハイスピードで通過する時は、手前から木の状態を早めに確認して、一気に走りきってください。いずれにしろ、萎縮すると体が固くなってしまい、バランスがとりにくくなってしまうので、上体を「脱力」させて通過することが大切です。

CONTENTS

- 01/ トレイルランニングに適したフィールドを選ぶ — 114
- 02/ 近所の公園や川の土手を走る — 116
- 03/ 湖畔や海岸、川沿いを走る — 117
- 04/ 近所の里山を走る — 118
- 05/ ハイキングコースを走る — 119
- 06/ 登山道を走る — 120
- 07/ 観光地などを走る — 122
- 08/ プランニング — 123
- 09/ ルール&マナー — 126
- 10/ バックパックの中身 — 130
- 11/ バックパックの正しい調整の仕方 — 132
- 12/ 水分補給と栄養補給 — 133
- 13/ ねんざ予防とテーピング — 134
- 14/ 日頃のトレーニング — 136
- 15/ 地図の読み方 — 138
- 16/ 動的ストレッチ&静的ストレッチ — 139
- 17/ 疲れをとる温泉活用術 — 144

5章
走るための基礎知識
安全に楽しむために、基礎知識とルールを覚えよう

走るための基礎知識 01

Basic knowledge

トレイルランニングに適したフィールドを選ぶ

身近なところにも、フィールドはたくさんある

身近な場所から走ってみる。
イベントやキャンプに参加するのも手っ取り早い

　経験豊富な仲間と一緒ならまだしも、右も左もわからない初心者だけで、地図を見ていきなり山を走るのは、相当リスクが高いです。まずは、徐々に走ることに慣れてから、本格的に山に入っていくことをお勧めします。

　まずは、もっとも安全な近所の公園や川の土手などで、走ることの楽しさを味わうことから始めるといいでしょう。そして、湖畔や海岸で自然の中を走る爽快感を体感したり、近所の里山でプチトレイルランニングを経験してみたらいかがですか。そこまで体感できたら、ある程度トレイルランニングのおもしろさをつかむことができると思うので、いよいよ山の中のハイキングコースにチャレンジしていきましょう。ハイキングコースも、いろいろなコースがあるので、経験値を高めて

5章　走るための基礎知識

いくことができます。そして、いよいよ登山道などで本格的なトレイルランニングに挑戦です。なかなかひとりで始められない人には、ショップやメーカーが開催するイベントやキャンプに参加するのもひとつの手です。

ガイドやコーチがつねに一緒にいるので、特に初心者は安心して参加できます。レベルに合ったイベントやキャンプは、安全で楽しく、しかも仲間もできるので一石二鳥。

また、ロードなどで普段から走っている人は、それなりに体力や走る技術を持っているので、いきなり山を走っても構いませんが、山ではまだ初心者のトレイルランナーなので、やはり最初は経験者などと一緒に行くか、イベントやキャンプに参加したほうがよいでしょう。

走るための基礎知識 02

Basic knowledge

近所の公園や川の土手を走る

手軽で安全に走ることができる

**トイレや水飲み場、自動販売機などがあるので、
ジョギング感覚で気軽に走ることができる**

　トレイルランニングに興味を持つ前では見逃してきたような、ちょっとしたトレイルランニングを味わえる場所が、みなさんのまわりにもきっとあるはずです。トレイルランニングは、舗装されていない道であれば、どこでも楽しめるスポーツです。

　手頃なフィールドとしては、街や都市部の公園や森林・緑地公園、川沿いの遊歩道、川の土手などがあります。

　特に大きな公園などは、必ずといっていいほど、舗装されていない道があります。山とは異なり、大きなアップダウンは望めませんが、まわりには大きな木々が立ち並び、ちょっとした自然を味わうことができます。

　森林公園や緑地公園などは、街から少し離れている場所にあることが多く、その分、小高い丘があったりするので、よりトレイルランニングらしさを楽しむことができます。

　このような場所は、なんといっても安全で、しかも、トイレや水飲み場、自動販売機などがあるので、ジョギング感覚で気軽に走ることができます。まずは、簡単にトライできる場所から走ってみてはいかがですか。

5章 走るための基礎知識

03 湖畔や海岸、川沿いを走る
遊び場だったフィールドを、走るフィールドに変える

夏休みにリゾートに出かけて、海岸や湖畔を走るのもトレイルランニングの楽しみ

今まではなんとなく休みの日に日帰りで、湖や海、川に遊びに行っていたと思いますが、今度は、そこで走ってみませんか？決して山でなくても、湖や海、川だって自然のフィールドです。アップダウンはなくても、れっきとしたトレイルランニングなのです。

そういった意味でも、みなさんのまわりにはトレイルランニングのフィールドが無限に広がっていると言っていいでしょう。

夏休みにリゾートに出かけて、海岸や湖畔を走るのもトレイルランニングです。「どうしても山でなくてはならない」ということはありません。

日本だろうが海外だろうが、自然豊かな場所だったら、そこを走ることがトレイルランニングなのです。

これから本格的にトレイルランニングを続けていこうと考えている人は、今までの「休みの日に遊びに行く」を、「休みの日にトレイルランニングをする」に変えてみましょう。

走るための基礎知識 04

Basic knowledge

近所の里山を走る
里山の自然遊歩道を探したい

地理的なことを地元の人に事前に調査したり、地図などを入手してから入った方がベスト

　近所の里山で、プチトレイルランニングを経験してみましょう。しかも、もしその里山に自然遊歩道があったらしめたものです。未舗装の遊歩道と適度なアップダウンは、入門フィールドとしてうってつけです。また、こういった場所は、人里離れた山とは異なり、まわりに民家やお店などがあったり、そこまで行くためのアクセスがしっかりしているので、アクシデントがあった時に対処しやすく、安心して走ることができます。

　ただ、すべての里山にしっかり整備されたトレイルがあるとは限りません。地理的なことを地元の人に事前に調査したり、地図などを入手してから入った方がいいでしょう。里山といえどもやはりそこは自然の中。単独での行動を避けることはもちろん、装備などもしっかり持参して走りたいものです。やはり最初のうちはなるべくリスクを少なくして、同じ里山でも、精神的に安心して走れるフィールドを選ぶことが大切です。

5章 走るための基礎知識

05 ハイキングコースを走る
ハイカーも多いので、安心して走ることができる

標高差が少ないコースを選ぶか、ゆっくりとしたペースで上れるコースを選ぶ

　標高が低い山で、日帰りでも行ける山が初心者には向いていると言えるでしょう。まずは低い山で、日帰りで行けるハイキングコースのガイドブックを購入してみましょう。「ハイキングコースでは物足りない」と思う人も多いかもしれませんが、ハイカーも多いので、何かアクシデントがあった時のことを考えると、入門用ハイキングコースくらいの山がちょうどいいかもしれません。

　逆に、まだ慣れていない人で、「ハイキングコースでもきついかも」と思う人もいると思います。そのような場合には、標高差が少ないコースを選ぶか、ゆっくりとしたペースで上れるコースを選ぶといいでしょう。

　どんな山でも、「上りがきつい」と感じる人はペースが早い場合が多いので、ちょっと遅いくらいのイメージで上れるコースがちょうどいいかもしれません。最初から自分のペースをゆっくり気味で設定すれば、思ったよりも楽に走れると思います。まずはハイキングコースで、ゆっくりと山に慣れていきましょう。ただし有名なハイキングコースは、ハイシーズンになるとハイカーでかなり混雑することがあるので、十分な注意が必要です。ハイカーが優先、早めの挨拶を心掛けましょう。

走るための基礎知識 06

Basic knowledge

登山道を走る
慣れないうちは、安全第一

5章　走るための基礎知識

人気のあるポピュラーな山なら、
ハイキングコースより簡単な登山道があるかもしれない

　ハイキングコースに慣れてきたら、次は本格的に登山道にチャレンジしましょう。まず、登山道選びのポイントは、人気の山を選ぶことです。もちろん、事前に地図やガイドブックは入手しておくことは忘れないように。

　人気のあるポピュラーな山なら、ハイキングコースより簡単な登山道があるかもしれません。人気の山は、登山道までのエントリーもしやすく、登山道ももちろん整備されていて、危険な場所も少ないと言えるでしょう。

　ただし人気の山は、登山者などはもちろんランナーも多い。そのかわり人が多ければ、道がわからなくなっても聞くことができますし、もしケガで動けなくなっても安心です。

　山はひと気がない方が静かで雰囲気がいいかもしれませんが、そこに入るのはある程度経験を積んでからにしましょう。

　登山道を選ぶ際の注意点は、その登山道に危険箇所がないか、コースタイムが長すぎないか、水はちゃんと確保できるか、登山口から山頂までの標高差がありすぎないか、などです。

　初めて登山道で走る場合や、まだ体力的に自信がない人には、標高差が少なく、コースタイムが短い登山道で、危険箇所がなく避難小屋や水場があることが大切です。山頂への登山道が複数ある場合には、これらの注意点を踏まえながらコースを選ぶようにしましょう。また、険しすぎる山も避けた方がいいです。標高が低くても、ゴツゴツとした岩山でできているような登山道は、転落してしまうと大ケガにつながる可能性もあります。ハシゴやクサリなどがあり、スリルがあるかもしれませんが、山に慣れないうちは、こんな場所のある登山道は避けた方がいいでしょう。

　また下りのコースの傾斜が強い山は、初心者には適しません。上りは一歩一歩確実に上れば問題はありませんが、急な下りの登山道は正しい走行テクニックをマスターしていないと、ヒザを痛めてしまったり、転倒してケガをしてしまうかもしれません。

　エスケープルートの確保も大切です。エスケープルートとは、ケガをした時や疲れた時に、行程をショートカットして途中から下山できるルートのことです。事前にエスケープルートがある山を選べば、もしなにかあっても安心です。

　また、「往路と復路を別のコースにしたい」と言う人もいるかもしれませんが、登山道に慣れるまでは控えましょう。コースとしてはあまりおもしろくはありませんが、安全のため往路と復路は同じコースにした方がいいです。

　慣れてきたら、上ってきた登山道を下るより、山の稜線を縦走するコースなどの変化のあるコースを選べば、本格的なトレイルランニングの雰囲気を味わうことができます。

　登山道の場合も、やはり経験者と一緒に行くか、ツアーやイベントに参加することで、気軽に楽しむことができるので、これもひとつの選択肢と考えておきましょう。慣れないうちは、とにかく安全第一です。

走るための基礎知識 07

Basic knowledge

観光地などを走る
家族旅行を兼ねてトレイルランニング

観光地を走りたい場合には、事前に調査して走れるかどうか確認しておく

　トレイルランニングをスポーツというカテゴリーから、観光や娯楽といったカテゴリーで考えてみると、「旅行しながら走る」ということをやってみたくなるもの。私もよく休みがとれると、家族旅行を兼ねてトレイルランニングができる観光地やリゾートに足が向いてしまいます。有名な観光地のガイドブックを購入し、観光の合間に走れるトレイルを探します。私の家族旅行の際は、家族が寝ている早朝にこっそり走りに行くようにしています。

　山の観光地やリゾートには、必ずといっていいほどトレイルはあります。ただ観光地はあくまで観光する場所であって、必ずしも走っていい場所とは限りません。とくに観光名所には多くの人が集まるので、走ることが禁止になっている場所もあるので、もし走りたい場合には事前に調査して、走れるかどうかを確認しておいた方がいいでしょう。山にある観光地やリゾートといえど、どこを走ってもいいわけではありません。

　ただ、観光名所の脇から入るトレイルなどがある場合は、そこから走りを楽しむことができます。

　こういった観光名所での楽しみは、そこの名産品や名物料理を食べられることです。私は、そこでしか食べられないような蕎麦があれば、必ずお店ののれんをくぐります。長期の休暇がとれたら、普段なかなか行けない、遠方や海外にまで足を伸ばしてみてはいかがでしょう。

POINT
大会前の調整などでよく走りに行く戸隠高原のトレイル。走りの合間に、戸隠神社でお参りしたり、名物の戸隠蕎麦をたらふく食べます。蕎麦は、栄養価の吸収率が高く、トレイルランニングには最適です

5章　走るための基礎知識

08 プランニング
ゆとりのあるスケジュールを立てる

目的の山やトレイルの情報を、便利なインターネットで検索しておく

　プランニングは、きちきちのスケジュールではなく、ゆとりのあるものにすることが大切です。朝早く出発して、日が暮れるぎりぎりまで走って、疲れきったまま下山をするよりも、余力を残して早い時間に下山しましょう。

　できれば、下山したらその土地の温泉に入ったり、名産の美味しい食事を堪能したり、ゆったりとした旅気分を味わえる計画を立てることが、成功の秘訣と言えるでしょう。コースの設定は、安心を買うために、ハイキングや登山のガイドブックを参考にしましょう。

　ガイドブックには、コースの詳細が掲載されています。また、現地に詳しい情報を提供してくれるような観光協会やトレッキング協会、ガイド協会などがあったら、事前に情報を得ておくか、現地に行ったら遠慮なく顔を出してみるのもいいでしょう。

また慣れないうちは、どのようなトレイルか判断できないので不安だと思います。そんな時は、便利なインターネットで目的の山やトレイルを検索しておきましょう。いろいろな人の情報が写真付きで紹介されたりしているので、見ていて楽しく、しかも情報収集の参考になります。最初のうち、プランニングする山としては、高低差があまりなく、急斜面が長く続かないようなトレイルを選べば、過度の疲労を避けることができるので安心です。慣れてきたら、山の地図でおもしろそうな自分だけのコースを見つけて走りに行くのも楽しいです。

走る場所が決まったら、ガイドブックを見て、電車で行くか？　クルマで行くか？　タクシーなど他の方法で行くか？　登山口（トレイルの入り口）までどのようにアクセスするか考えましょう。ガイドブックやインターネットには、詳しい情報が掲載されています。

【トレイルのタイプ】

スタートからゴールまで、同じトレイルを通過することのない片道タイプがあります。ゴールまで同じトレイルを走ることがないので、さまざまな自然の情景を味わうことができます。ただこのタイプの場合は、スタート地点に戻ってくるわけではないので、ゴールした場所からの帰路に注意を払わないといけません。

往復型のタイプは、まさしく上りのルートと下りのルートが同じタイプです。いろいろな面でリスクも少なく、安心してプランニングできるので、慣れていない人にはいいでしょう。

そして周遊型は、スタート地点とゴール地点は同じですが、稜線を縦走するような、極力同じ場所を通過しないタイプ。このような場合は、設定できるトレイルが何種類かあるので、自分の体力や経験を考えて、プランニングすることが大切です。

【走破時間の設定】

走破時間をどのくらいみておけばいいのかも、プランニングする上で大切です。こればかりは、ランナーの力量や経験、トレイルの状況など、さまざまな面が影響してくるので一概には言えませんが、だいたい歩く時間の3分の2程度と考えておけばいいでしょう。

つまり、歩きで9時間程度の行程のトレイルなら、6時間くらいを考えておけばいいでしょう。

5章　走るための基礎知識

【交通機関】

■電車の場合

　近くの駅まで電車で行ったら、登山道まで徒歩でのアクセスが大変な場合は、駅から登山口までバスで行きます。有名な山であればあるほど、登山バスなどがあります。

　バスを利用する時の注意点は、休日ダイヤや季節のダイヤ。登山客が少ない時期や平日などは、バスの本数が少ない場合もあります。

　そしてもっとも注意したいのが、駅までの帰りのバスの時間。こういった場所でのバスの最終発車時刻はかなり早い場合もあるので、最終時刻に合わせてプランニングすると余裕がなく危険です。

■クルマの場合

　クルマで登山口まで行く場合は、事前に駐車場の有無、駐車台数などを確認しておく必要があります。地元の観光協会や関連団体、インターネットなどで駐車場情報を調べておくと安心です。駐車場が一杯になると無断駐車することになるので、駐車できないことも考えておく必要があるでしょう。

■タクシーの場合

　登山口までのバスがない場合や駐車場がなく車で行けない場合は、駅からタクシーを利用するのもいいでしょう。タクシー会社の情報やインターネットの情報を事前に調べておきましょう。

　乗車人数が多ければ、バスよりもタクシーの方が安く済む場合もあります。行きもタクシーなら、当然、帰りもタクシーになるはずです。

　降車する時に、登山口まで迎えに来てもらう時間を、ドライバーに必ず伝えておきましょう。

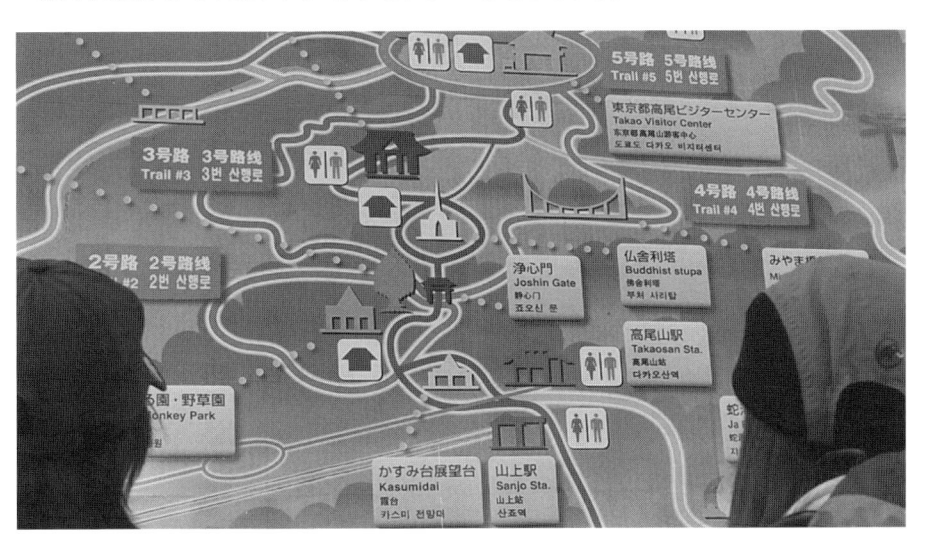

走るための基礎知識 09

Basic knowledge

ルール&マナー

トレイルランナーは山では新参者

他の人には迷惑をかけないように、そして事故を起こさないように楽しむ

　トレイルランニングでは、「自然の恩恵を受けながら遊ばせてもらっている」という気持ちは忘れないようにしましょう。他の人には迷惑をかけないように、そして事故を起こさないように、無理をしないで楽しむには、それなりのルールがあります。

　登山道やハイキングコースを走る場合、特にハイシーズンともなると、たくさんの人とトレイルを共有しなければなりません。どちらが優先ということもありませんが、最低限守らなければならないルールとマナーをしっかり覚えてから、山に入る必要があります。

　最近トレイルランニングがブームということもあり、山の経験の浅いランナーが増えてきました。最近、ハイカーから「トレイルランナーは、山のルールを知らないで走っている」と言われます。　山には山のルールがあります。そのハイカーが、たまたま山で出会ったランナーがそうだったのかもしれませんが、たとえそうだとしても、トレイルランナーは山では新参者です。

　そのようなことを言われないように注意したいものです。

5章　走るための基礎知識

【上りが優先】

　山では上り優先がルール。上りは一定のリズムで上っていないと疲労感が強くなります。そこで、下る人は道の端に寄り、上る人に道を譲りましょう。この時「お疲れさまです」などと声をかけることも忘れないように。

　またランナー同士なら、どちらが優先ということもないので、状況をよく把握してから譲り合いの精神で、お互いにあうんの呼吸で対処しましょう。

【追い越す時】

　上りで、先行するハイカーやランナーを追い越す場合は、できれば、トレイルの幅が広くなっている場所を選んで追い越すか、狭い場合は仕方がないので、「こんにちは、お先に失礼します」などとひと声かけてから、追い越していきましょう。後方からの音は耳に入りにくく、何も言わないで後ろから追い抜くと、相手をびっくりさせてしまいます。

　声をかけることで、抜かれる人も十分な心構えができます。

　後ろからくるランナーに追いつかれた時には、脇に寄るなど、譲り合いの精神をもちましょう。

ここをCHECK!
経験者と一緒に山に入る

初心者がひとりで山に入るのは避けた方がいいでしょう。個人の場合、経験者と一緒に上るのがベスト。初心者は体力がある時はハイペースで上り、その結果、途中でバテてしまいがち。一定のペースを守り、全体のコースを把握しているリーダーが重要になってきます。走るペースはいちばん体力のない人に合わせるのが基本。

リーダーは先頭を担当し、仲間の体調を見ながらペースを調整しましょう。
ツアーなどでは、ベテランのガイドの引率が普通なので、そのあたりの心配はしなくてもいいでしょう。ただし、不特定多数の人と一緒なので、協調性が必要になってきます。いずれにせよ、山に入るのは自分だということを意識しておくことが大切です

走るための基礎知識 09 Basic knowledge

【トレイルでの挨拶】

決してルールではありませんが、山では相手が誰であろうと「おはようございます」、「こんにちは」の挨拶を交わした方がいいでしょう。人間、どこにいても礼儀は大切にしたいものです。自然の中では性別も年齢も身分もありません。先方が大人数でしたら、わずらわしいと思わず、数人おきで挨拶するといいでしょう。

【ゴミを棄てない、自然を傷つけない】

身軽に走りたいのはもちろんですが、かといってゴミを自然の中に捨てることは言語道断です。自然はみんなの宝です。ゴミは必ず持ち帰りましょう。私は、たとえ自分のゴミでなくても、走っている時にポケットに入るような小さなゴミ（自然界に残ってしまうようなゴミ）は、必ず拾って持ち帰るようにしています。「1走1個」の精神で走っています。また、動物のエサとなるようなものは絶対に置いてこないこともルールです。山の植物などを摘み取るのもルール違反です。

高山植物をはじめ、山には貴重な植物が生育しています。皆さんの協力で大切な自然を守りましょう。

【トレイルを崩さない】

トレイルの外に足を踏み入れてはいけません。貴重な植物の生育に影響を与えるかもしれません。また、トレイルの整備には手間がかかります。故意に崩してしまうことのないようにしましょう。

休憩のとり方　　　　　　　　　　ここをCHECK!

バテる前に休むのが基本です。無理に走り続け、バテてから休むと疲労が回復しないので、自分の体力にあわせた休憩が必要です。休憩する時にはトレイルを空け、他のハイカーやランナーの邪魔にならないようにしましょう。また、ダラダラと走ってむやみに休むのではなく、ある程度目標を決めて走り、目標地点に到達したら休むようにするとメリハリができ、いいペースで上ることができると思います。

山小屋などがたくさんある場合は、山小屋を目標にするといいかもしれません。「必ず目的地に到着する」と自分に言い聞かせながら、ゆっくりでも足を前に出していきましょう

5章　走るための基礎知識

【落石には細心の注意を】

　落石には自然発生のものと、上を歩く人が不用意に石を落としてしまう人為的なものがあります。小さな石でもまわりの石を巻き込んで大きくなるし、速度が速くなると弾丸のように落ちてきて非常に危険です。トレイルから外れた登山者が起こすケースが多いので、決してトレイルから外れず、自分自身が落石を起こさないように心がけたいものです。万が一、落石が起きた場合は大きな声で、下の人に落石を知らましょう。慎重に石を落とさないように足を運ぶのも、テクニックのひとつです。

【トイレ】

　基本的には、山小屋や休憩所にあるトイレを利用しましょう。ただし、トイレがない場合を考えて、携帯用のトイレは必ず持参しましょう。これは、ランナーに限らず、登山者やハイカーに共通して言えることです。携帯用のトイレを持参することは、山を大切にするための理想です。電車ならば駅のトイレ、駐車場にもトイレがあれば、走る前に必ず済ましておきましょう。

　どこにもトイレがなく、いたしかたない場合は、トレイルから少し離れた危険のない場所で用を足しましょう。その時に、まわりの植物を痛めないようにします。ティッシュペーパーは使わず、トイレットペーパーを使用し、終わったら必ず土をかけ、自然に早く返すようにしましょう。ティッシュペーパーは水に溶けにくくする処理が施されているので、山には優しくありません。

【ポールを突く場所】

　ポールは、トレイルランニングをより容易にすることに貢献してきました。しかし、使い方を一歩間違えると、木の根っこや、植物を傷めることになります。基本的にストックを突く場所は地面や岩、石など。「ちょっと突いただけ」かもしれませんが、小さな行為の積み重ねが自然破壊の原因を作ってしまいます。また、狭いトレイルで、ポールを大きく振るなどという行為は厳禁。「自然保護」は、私たちにいつも素晴らしい姿を見せてくれる自然への敬意です。

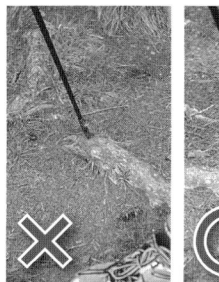

山の天気は変わりやすい　　　　　ここをCHECK!

　「山の天気は変わりやすい」は昔から言われていますが、それは間違いではありません。日本全体が長期間にわたって広い高気圧で覆われていない限り、山の天気は刻々と変化すると思ってください。
　山は、山ならではの独特の風が発生します。この風の発生に伴って、雲の発生、雷雨の発生があります。今は、インターネットや携帯電話で、各地の天気予報情報を入手できますが、山の魅力を知るためにも、これからはテレビや新聞の天気予報や天気図に目を配っていきましょう

走るための基礎知識 10

Basic knowledge
バックパックの中身
ファーストエイドキットは必需品

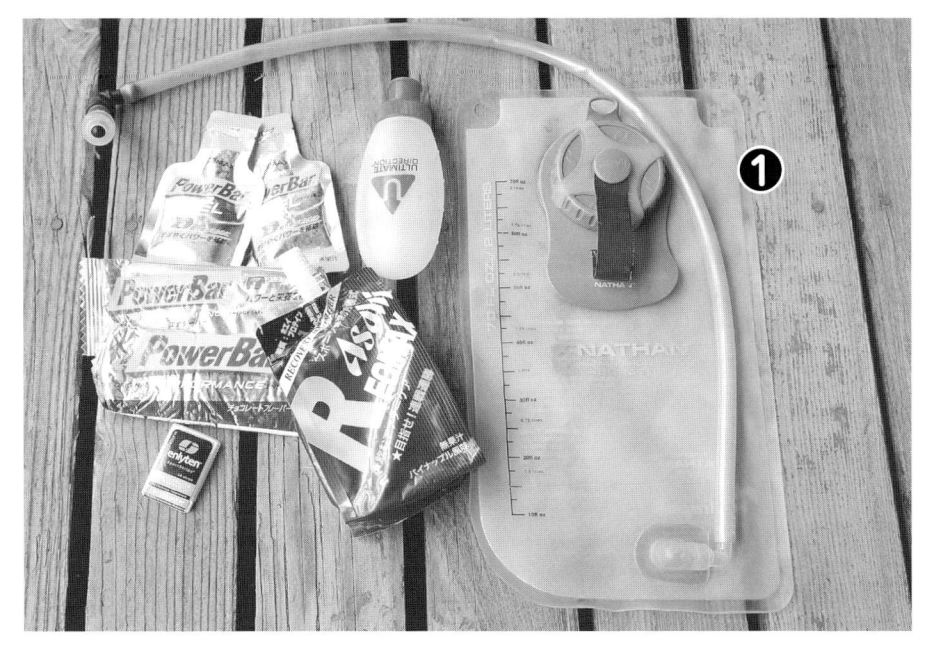

❶

5章　走るための基礎知識

必要な機能をもちながら、軽量でかさばらないギアを選ぶ

　バックパックの中身は、走る場所やコース、天候、シーズンなどによって変わりますが、基本は、ハイドレーション（①）に入れた飲料、行動食、さまざまなエナジーフード＆サプリメント、セカンドレイヤーなどの防寒具やレインジャケットなどのアウターウエア（これは走る季節によって異なります）、ファーストエイドキットなど。ファーストエイドキットは、頻繁に使うものではありませんが、山で安心を買うような意識で、必ずバックパックには忍ばせています。選ぶポイントは、必要な機能をもちながら、軽量でかさばらないこと。走るためにはコンパクトがいちばんです。この他、携帯電話、コンパス、地図などが必携となります。

　食べ物は食べ物といった具合に、同じ種類でひとつにまとめ、防水性ポーチやジッパー付きのビニール袋に入れましょう。雨で濡れたら目も当てられません。

POINT
山の天候は変わりやすいもの。体温の低下を防ぐために、軽量コンパクトで、機能性の高いレインウエアや保温性の高い防寒具は必携装備。機能性の高いウエアも必須です

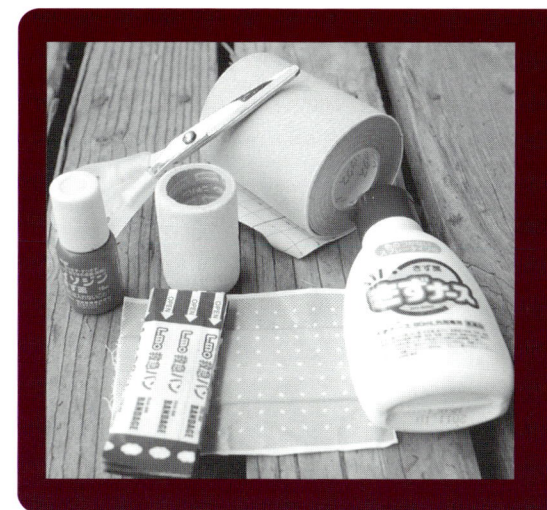

ここをCHECK!
ファーストエイドキット
トレイルランニングは、山の中で楽しむスポーツです。反面、自然の中ではなにが起こるかわかりません。ファーストエイド（応急処置）キットについてもしっかり準備をしておきましょう。最低限用意するものは、ガーゼ、絆創膏、テーピングテープ、ハサミ（これは便利です）、消毒薬、ウェットティッシュなど。この他に、毒虫に刺されたり、毒蛇に咬まれた時に、体内に入った毒液や毒針を吸引するポイズン・リムーバーなども、できれば用意したいものです

走るための基礎知識 11

Basic knowledge

バックパックの正しい調整の仕方
背負ってから、自分の体に合わせる

自分の体型に合ったバックパックを手に入れる

走っている時に、バックパックが揺れたりすると嫌なものです。できれば、背負っていることが気にならないようなバックパックが欲しいのですが、そういうわけにもいきません。

ただ、正しい背負い方をすれば、気持ちよく背負うことができます。

バックパックは軽さがキーポイントですが、いちばん重要なのは、背負った時に自分の体に合っているかどうか。人の体の構造は千差万別です。万人に合ったバックパックは存在しません。自分の体型に合ったバックパックは、正しい調整方法で手に入れることができます。

1. 最初は腰のベルト（ウエストベルト）を締める

全てのストラップを緩めバックパックを背負います。ウエストベルトを左右両方の腰骨の位置にセットし、ストラップを締めます。腹部を圧迫しない程度に腰骨の部分でしっかりと締めます。この時、締めすぎないように注意しましょう

2. 次に肩のベルト（ショルダーストラップ）を締める

ショルダーストラップを締めます。ウエストベルトが全体の重さを支えるので肩のストラップは強く締めつけないでください。締めすぎると肩に負荷がかかります。背中にフィットする感覚を確認してください。ショルダーストラップの付け根が肩甲骨の近くまできていることを確認してください。正しくセットされた位置は、ショルダーストラップがぴったりと肩のラインに沿った時です

3. 肩の上のベルトを締める

肩の上のベルトを締め、バックパックを体に引きつけてください。ここでしっかり体に密着させておかないと、走るたびにバックパックが上下動してしまい、安定しません。違和感があると、気持ちよく走ることはできません

5章 走るための基礎知識

12 水分補給と栄養補給
こまめな水分補給をとることがコツ

水分が不足してから喉が渇くので、「喉が渇いた」と思ってからではすでに遅い

運動すると体温が上昇します。人間は、その体温を平常に保つため、汗を出して調整をしています。そこで何より重要なのが水分補給。喉が渇いていなくてもこまめな水分補給を心がけましょう。水分が不足してから喉が渇くので、「喉が渇いた」と思ってからではすでに遅いので、こまめな水分補給が必要です。

水分補給は熱中症や高山病対策としても効果があります。脱水症状にでもなったら命にかかわります。どのくらいの量が必要なのかというと、これもその時のプランと天候などで大きな差が出てきます。途中で確実に水が確保できることがわかっているコースでない限り、持参する水の量には余裕を持ってください。

だいたい走る前に、水はハイドレーションに1リットル〜2リットルほど用意しておきましょう。

水は1リットルで1kgと案外重いので、あまり多く持ちすぎると体力を消耗してしまいます。あとは割高になりますが、山小屋などがあったらそこで買ってもいいでしょう。

ここをCHECK!

行動食&サプリメントは、軽量コンパクトで食べやすいものを

トレイルランニングのエネルギーの補給は、「お腹がすいたから食べる」ではなく、水分補給と同じように、こまめに少量ずつ摂取するようにしましょう。走りながらでもいいし、休憩時に少しずつ食べましょう。行動食はナッツ、ドライフルーツ、チョコレート、ビスケット、エナジーフーズ&サプリメントなど、軽量コンパクトでカロリーの高いものがいいでしょう。甘い物、すっぱい物、辛い物を組み合わせると味に変化が出て休憩が楽しくなります。疲れてきたり、高山病になったりすると食欲がなくなるので、喉を通りやすく効果的に栄養補給できるエナジーゼリーなどもお勧めです。アミノ酸のサプリメントも疲労回復効果が高くて有効です。下山後の疲労の回復も早いです。割高にはなりますが、山小屋でも場所によっては食事ができるところもあり、飲み物やお菓子、カップ麺なども売られているので上手に活用したいものです

13 ねんざ予防とテーピング

傷害を予防し、再発を防ぐ

カカトや足首、ヒザや太モモなどの部位を中心に補強し、ケガの発生を予防する

　スポーツにおけるテーピングは、指や手首、足などの関節にテープを施して、傷害を受けやすい部位を補強、その動きを制限することでケガや傷害を予防し、再発を防ぐ目的で使われます。

　テーピングといっても、ギプスのように関節をガチガチに固めるのではなく、ランに支障を来さない範囲で、無理な力が加わってねんざを引き起こすような関節の動きを制限するものです。スポーツの種類によって、ケガの起こりやすい部位が異なりますが、トレイルランニングの場合は、カカトや足首、ヒザや太モモなどの部位を中心に補強し、ケガの発生を予防します。

　足は疲労が蓄積するとケガをする確率が高く、ケガをした場合には再発しやすくなると言われています。テーピングはこうした場所を補強し、保護する効果もあり

5章　走るための基礎知識

ます。ねんざ、靭帯損傷、脱臼などは、その部位が正常な可動範囲を超えてしまった結果、起こる障害です。このようなケガを防止するには、テーピングによる可動範囲の制限が効果的となります。

また一度ケガをすると、体を動かした時に「またケガをするのではないか」という心理的な不安がつねにつきまといます。そうなると安心して走りに集中できないばかりか、本来持っている力も十分に発揮することはできません。

ケガをして弱くなった筋肉や関節、腱、靭帯などにテーピングをすると、その部位も補強することができます。これはケガの再発予防に効果的です。ケガをしたことのある部位を補強し保護することで安心感が生まれ、楽しく走れるのではないでしょうか。

しかし、テーピングに過度の期待は禁物です。テーピングをしたからといってケガが治るわけではなく、絶対にケガをしないというわけでもありません。テーピングをすることで、「ケガをしないで済むかもしれない」、「万が一ケガをしても軽度で済むかもしれない」ということを頭に入れておいた方がいいでしょう。

ここをCHECK!

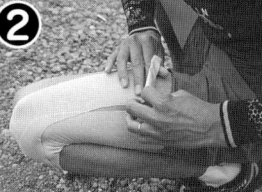

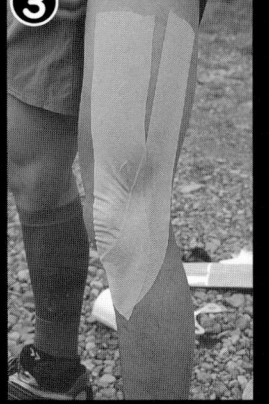

① ② ③

お皿の両側にある靭帯の負担を軽減

僕は、長距離を走る場合に限り、太モモに2本のテーピングを施します。1本は椅子に座った状態で、ヒザのお皿の下から太モモの外側に貼ります。2本目はヒザをしっかり曲げた状態で、これもお皿の下から1本目のテープに重ねながら、さらに太モモ上部に貼ります。こうすることで、長時間走ることによってお皿が下に落ちてくることを防ぎ、ヒザの痛みを防止します。また、お皿の両側にある靭帯に負担がかからないようにします

誰でも簡単に貼れるテーピンググッズ

専門的なテーピングは、それなりの知識がないと貼ることができません。しかも面倒なものです。僕が足首に使っているのはニューハレ Xテープ、ヒザに使っているのがニューハレ V テープという専用テープです。誰でも簡単に貼ることができるにもかかわらず、各部位のブレを防ぎ、疲労を軽減してくれるので、パフォーマンスアップにはもってこいと言えるでしょう。女性用のかわいいデザインの商品も出ています

走るための基礎知識
14

Basic knowledge
日頃のトレーニング
普段あまり使わない筋肉を鍛えておく

普段の生活の中で、ちょっと姿勢を意識したり、階段を利用したりするなど、筋肉を使ように心がける

　トレイルランニングのように、走って上ったり下りたりする運動のためには、普段あまり使わない筋肉を鍛えておく必要があります。

　平地を歩く時や走る時にはあまり使われない、太モモ前側の大腿四頭筋は、いちばん重要な筋肉と言えます。坂道を上る時には非常に貢献度が高い筋肉で、下りでは非常に大きな負担がかかる筋肉です。また、この筋肉を強化すると、膝関節を保護する能力が高まります。

　フクラハギの下腿三頭筋は、上りの岩場など、ツマ先立ちを要求されるトレイルで負担度は増します。スネ、ヒザから下の前側の筋前脛骨筋は、トレイルを上る時に、ツマ先を持ち上げる働きをします。この筋肉が弱く、疲労してくるとツマ先を地面に引きずりがちになるので、つまずきやすくなります。

　腹筋と背筋は、上体をまっすぐ維持するために必要で姿勢維持筋とも言われます。この筋肉が弱いと、姿勢が安定せず、体のバランスが悪くなり、疲労しやすくなります。また、体の軸を維持するために、インナーマッスルの強化も重要です。

　以上がトレイルランニングに必要な代表的な筋肉ですが、この他にも必要とされる筋肉はたくさんあり、できれば日頃から鍛えておいた方が、楽しく走ることができます。

　ただ、人間は、「毎日トレーニングしなきゃ」と思うとつい怠け癖が出てしまい、なかなか続かないものです。普段の生活の中で、ちょっと姿勢を意識したり、階段を利用したりするなど、日頃から筋肉を使うように心がけるだけでも大きく違ってきます。

5章　走るための基礎知識

階段の上り下りや自転車での通勤通学を積極的に取り入れてみる

　トレイルランニングの運動に近いトレーニングといえば、やはり階段の上り下りです。自宅マンション、会社があるビル、学校、通勤通学の途中にある階段など、日常生活の中でできるだけエレベーターやエスカレーターを使用しないで階段を使えば、それだけでかなり効果的なトレーニングになります。

　階段は、トレイルランニングで必要とされる筋力を鍛えることができます。トレーニング方法として、一段抜かしや2段抜かしで走る方法や、一段一段、太モモを高く上げて上る方法があります。

　一段抜かしや2段抜かしは、ゆっくりと次の段に向かってジャンプすることで、効果的にフクラハギなどの筋肉を鍛えることができます。

　また、腰の位置を高くして背筋を伸ばし、腕を大きく振って、太モモを高く上げながら、一段一段上っていく方法は、太モモの筋肉などを鍛えることができます。また、階段をツマ先を使って登れば、フクラハギの筋肉を鍛えられます。

　下りは、トレーニング効果はあまり期待できない上に、足を踏み外した時に危険なので注意しましょう。ただ下りを、木の階段の下りなどをイメージして、足の運びなどの練習をしてもいいでしょう。

　通勤や通学は体を動かす絶好のチャンスです。自宅から、勤務先や学校まで自転車を使えば、かなりトレーニング効果を上げることができます。

　ただ自転車はご存知のように、上りに対する効果は絶大ですが、衝撃に耐えるための筋力は鍛えられません。こぎ方は、フルパワーは必要ありません。こぐことで足に負荷をかけながら、同時に持久筋を鍛えることができます。電車賃もかからないので一石二鳥です。

ここをCHECK!

近所にある坂道をランニングしてみる

上りや下りが多いトレイルランニングの練習法として、近所にある坂道を利用してみましょう。アスファルトの道でも問題はありません。上った坂をそのまま下ったり、スピードに強弱をつけるインターバル走法を取り入れてもいいし、短い坂道を何本かダッシュしたり、毎回タイムを計ってみるのもいいでしょう。要は、無理なく自分に合った練習方法や練習量を見つけ出して、定期的にトレーニングすることで、上りと下りの筋力を鍛えていきましょう。筋力がつけば、山を走ることが本当に楽しくなってきます。また日頃のトレーニングとして、スクワットは効果的なのでぜひ試してみてください

走るための基礎知識 15

Basic knowledge

地図の読み方
地図は「見る」ものではなく「読む」もの

登山やハイキング用の地図で、山の高低差などをイメージする

　地図は「見る」ものではなく「読む」ものです。登山やハイキング同様、トレイルランニングも地図を読むことは必要となってきます。

　有名なコースなどは、しっかりとしたガイドブックや、地元で作られたトレイルマップなどがあるので非常に便利です。地図の読み方は、できれば専門書を読んで、基本的な地図の読み方やコンパスの使い方を覚えておいた方がいいでしょう。

　登山やハイキング用の地図は、ポイントポイントで標高も載っています。

　そして、標高ごとに地図が色分けもされているので、アップダウンなど、ひと目で高低差などがイメージできるように工夫されています。たとえば、等高線が山頂に向かって凹んでいるところは谷、逆に凸になっている部分は尾根だとわかります。また、コースタイム（平均的なペースで歩いた時にかかる時間）などが書いてあるので便利です。上りにかかる時間と下りにかかる時間が記載してある場合が多く、この時間差が多ければ多いほど高低差が大きく勾配もきつい。逆に時間差が少なければ、勾配は緩やかだとわかります。走るスピード、休憩時間、トラブルがあった場合のことなどを考え、山に慣れないうちは時間に余裕のあるプランニングが重要と言えるでしょう。走る前には地図を読みながら、山の形やルートをしっかりとイメージしておくことは大切です。初心者のランナーがゆっくり走り、途中に休憩を入れると、案外コースタイム通りになる場合が多いです。

5章 走るための基礎知識

16 動的ストレッチ&静的ストレッチ
ストレッチで故障を事前に防ぐ

動と静のストレッチを日課にして、日頃から体のケアを意識する

走る前に、軽くジョギングをして体を少し暖めてから動的ストレッチをしましょう。忘れてはいけないのが、走った後の静的ストレッチ、いわゆるクールダウン。走ってすぐに家に帰ってしまい、食事をしてお酒を飲んだり、翌日のためにすぐ寝てしまうのもいいですが、筋肉痛にならないためにもクールダウンが有効です。慣れるまでは面倒かもしれませんが、走って疲れた体に静的ストレッチをすると、翌日の状態が全然違ってきます。

ストレッチの基本は、●痛みを感じる手前でやめる●ゆっくりとしたリズムを保つ●反動をつけてやらない●息をゆっくり吐きながら行なう●筋肉のスジの伸びを意識する、など。トレイルランニングはれっきとしたスポーツ。ストレッチをしっかりやることでケガを未然に防ぎ、疲れをいつまでも残さないようにしましょう。

できれば、走りに行った時だけではなく、動と静のストレッチを日課にして、日頃から体のケアを意識していれば故障も事前に防ぐことができるので、スキルアップの近道と言えるでしょう。

<動的ストレッチ>【斜め前屈】

1. 効果のある部位：ハムストリング（下肢後面を作る筋肉）、フクラハギ（腓腹筋）
2. やり方とポイント：両足を肩幅以上、やや広めに開き、両手でツマ先を触ります。この時、ツマ先を上げヒザは伸ばします。反対のヒザは軽く曲がってもかまいません。体を起こし、反対の足も同様に
3. 回数：左右交互に合計10〜20回

<動的ストレッチ>【斜め前屈】

1. 効果のある部位：ハムストリング、フクラハギ、股関節、肩甲骨
2. やり方とポイント：足をできる限り大きく振り上げ、右手で左足のツマ先、左手で右のツマ先を触ります。この時、腕も肩甲骨を使って大きく回します。また、上半身が前に倒れないように、上半身はまっすぐ保持しましょう
3. 回数：左右交互に合計10〜20回

走るための基礎知識 16

Basic knowledge

<動的ストレッチ>

【ハードルまたぎ】

1. 効果のある部位：股関節
2. やり方とポイント：自分の目の前にハードルがあることをイメージして、そのハードルをなるべく大きくまたぐ。腕も振ってバランスをとりましょう
3. 回数：左右交互に合計10〜20回

【サイド・ニーアップ】

1. 効果のある部位：股関節
2. やり方とポイント：両腕を水平に開き、ヒザをヒジに近づけます。この時、上半身が左右に傾かないように、上半身はまっすぐ保持してください。また、腕が下がってこないように、水平に保持しましょう
3. 回数：左右交互に合計10〜20回

【股関節の上下運動：1】

1. 効果のある部位：股関節
2. やり方とポイント：両足を肩幅以上、やや広めに開く。手はヒザに当て、そのまま、下がるところまで腰を落とす。
3. 回数：5〜10回

【股関節の上下運動：2】

1. 効果のある部位：股関節
2. やり方とポイント：片方の足を、大きく一歩前に出します。手はヒザに当て、そのまま、下がるところまで腰を落とします。
3. 回数：5〜10回

5章　走るための基礎知識

【股関節の回旋運動】

1. 効果のある部位：
股関節、ハムストリング
2. やり方とポイント：片方の足を、大きく一歩前に出します。前に出した方の足と同じ方の腕を、ヒザ下の内から外に出します。その状態で、ヒザでできる限り大きく円を描きます。
3. 回数：左右それぞれ、時計回り・半時計回りに5〜10回ずつ

【股関節の大伸展】

1. 効果のある部位：股関節
2. やり方とポイント：足を限界まで左右に開きます。両手を前に着き、ヒザが地面に着くまで手を前に進めます。ヒザが地面に着いたら、体を左右に数回ひねります。伸ばし過ぎないように、無理せずできる範囲でゆっくりと行ないましょう。走る時は、股関節がいちばん動くので、股関節をしっかりストレッチすることで、走り出しがスムーズになり快調に走ることができます。

【腰の運動】

1. 効果のある部位：腰
2. やり方とポイント：上半身は正面に保ったまま、腰を大きく左右にひねります。腕は腰とは反対方向に振り、腕と腰を同じ方向に振らないように注意します
3. 回数：20〜30回

【肩甲骨の運動】

1. 効果のある部位：肩甲骨
2. やり方とポイント：左右のヒジを同時に後ろへいっぱいに引き、肩甲骨をくっつけるイメージ。「走り方の基本」の腕振りにつながるので、しっかり肩甲骨を使ってヒジを引きましょう
3. 回数：30〜50回

＜静的ストレッチ＞

【股関節とフクラハギ】

1. 効果のある部位：股関節、フクラハギ
2. やり方とポイント：足を肩幅よりもやや広めに開き、腰をいっぱいまで下げて、股関節とフクラハギを伸ばします。体重を左右にかけることで、フクラハギがより伸びます
3. 目安：20～30秒

【お尻・腸頸靭帯（ヒザの外側）・ハムストリング】

1. 効果のある部位：お尻、腸頸靭帯（ヒザの外側）、ハムストリング
2. やり方とポイント：足を前で交差させて、上半身を倒します。この時、前に出した足と反対側のお尻を伸ばすことを意識します
3. 目安：左右それぞれ20～30秒

【お尻】

1. 効果のある部位：お尻
2. やり方とポイント：四つん這いの状態から、片方の足を前に出し、スネを地面につけるように倒しながら上半身も倒します。足の位置を変えることで、お尻の伸びる位置が変わります。ランナーに多く発生する腸頸靭帯炎を予防するので、お尻のストレッチはしっかり行ないましょう
3. 目安：左右それぞれ20～30秒

【お尻】

1. 効果のある部位：お尻
2. やり方とポイント：手で体を支えながら、ヒザを立てて座り、ヒザとヒザを重ねるように座ります。お尻をカカトに近づけることで、より伸ばすことができます
3. 目安：左右それぞれ20～30秒

【お尻】

1. 効果のある部位：お尻
2. やり方とポイント：手で体を支えながら、ヒザを立てて座り、ヒザに足首を乗せます。お尻をカカトに近づけることで、より伸ばすことができます
3. 目安：左右それぞれ20～30秒

5章　走るための基礎知識

【体をひねる】

1. 効果のある部位：背中
2. やり方とポイント：足を反対側に持っていき、体をひねります。腕は、体を正面に保持するために、足と反対側に開きます
3. 目安：左右それぞれ20～30秒

【大腿二頭筋】

1. 効果のある部位：大腿二頭筋
2. やり方とポイント：片方の足を曲げて、上半身を後ろへ倒し、大腿二頭筋をしっかり伸ばします
3. 目安：左右それぞれ20～30秒

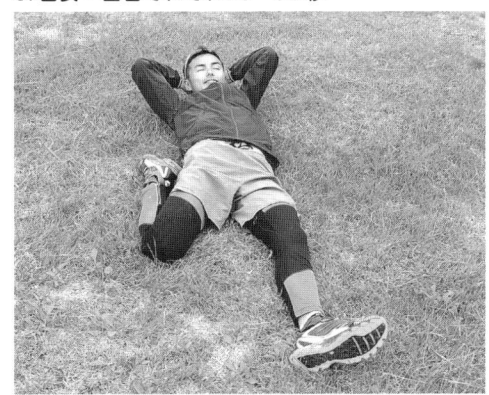

【足の付け根を伸ばす】

1. 効果のある部位：股関節
2. やり方とポイント：足を大きく踏み出し、上半身を後ろに反らします。後ろ足の方の腰を手で押すと、さらに伸びます
3. 目安：左右それぞれ20～30秒

今すぐ山岳保険に加入を

ここをCHECK!

山岳保険は救助費用（ヘリコプター代や救助者の経費など）をまかなってくれる登山専用の保険。死亡やケガなどは一般の生命保険でカバーしてもらえますが、救助費用をカバーしてくれるのは山岳保険だけです。

山で遭難して民間組織が救助活動を行った場合、捜索隊員1人あたりの日当は1万5000円から3万円程度で冬季は倍近くになります。また民間ヘリを使えば1時間で50万から70万円かかり、1日ヘリを使った捜索をすると数百万円という金額になります。

しかし、生命はお金にはかえられません。もし山岳保険に加入していたなら、一刻を争う救助要請を迷うことなく早い段階で行うことができます。迅速な救助は生存率に関わる重大な問題です。

山岳保険への加入は実際にアクシデントがあった時に役立つのはもちろん、何かあった場合に迅速に対処できる状況をつくることでもあり、不安を大幅に軽減してくれます。「トレイルランニングだから山岳保険に入る必要はない」と考えるのは間違いです。

山の事故は山の難易度に関わらず起こるもので、保険に入っていない時に限って起こるものでもあります。インターネットでも検索できるので、これからトレイルランニングを始めようと思う人はすぐに山岳保険をチェックしてみましょう。

走るための基礎知識 17

Basic knowledge
疲れをとる温泉活用術
温泉の前にアイシング

下山後すぐ家に帰るのではなく、
疲れをとるためには日帰り温泉はピッタリ

　レースの後、そそくさと家に帰らず、温泉で汗を流してから帰りませんか。今人気なのが、走った後の疲れを癒す日帰り温泉です。これはもう通の間では当たり前になっています。ただし、走った後の火照っている状態で、いきなり温泉に入ると、疲労した筋肉の炎症が悪化して筋肉痛がひどくなる場合があります。

　そこで、走った後はまずアイシングしましょう。近くに川があったら、思い切って川に入ってアイシングをしてみて下さい。山の水は冷たく、ビックリするかもしれませんが、その分アイシング効果は絶大です。疲労した足には本当に気持ちいいですよ。日本の山には、たくさんの日帰り温泉施設が点在しています。

　ではなぜ、温泉入浴は走った後の疲れた体にいいのでしょうか。一般的に、温泉にはリラックス効果、温熱効果（保温、体への刺激、その他）などさまざまな健康増進作用があります。それらの温泉の効能は、温泉水に含まれる化学成分（カルシウムイオンなど）の薬理作用によるものと、温熱や水圧・浮力といった物理的作用によるものに分けられます。その両者が総合的に体を刺激して、人間が本来持っている自然治癒能力を高めると言われています。

　また、日本の温泉の泉質には、疲労回復や打ち身などによる運動器障害などに効果をもっているものが多いのも魅力です。

　ここで、走った後の疲労をとるための入浴方法を紹介しましょう。まずは、体をお湯の温度に慣らすために、ツマ先からモモの方へ、体の端から順にお湯をかけていきます。次に全身浴は、ちょっと熱めのお湯にさっと入るようにします。こうすることで、血管が広がって、血行がよくなります。また、泡風呂（ジャグジーなど）があれば、これもお勧めです。泡

5章　走るための基礎知識

の刺激で、血行がさらにアップします。そして少し休憩をとったら、打たせ湯で肩や背中など、こりのある部分をマッサージすれば、痛みやだるさの原因を和らげることができます。最後は、露天風呂や薬草風呂、大浴場などでゆったりあおむけに体をのばして、十分リラックスした姿勢でお湯につかります。ただし、疲れ過ぎている時は、休憩をとってから入浴しましょう。

　温泉を出る時は、シャワーを浴びている人もいますが、温泉の成分が流されてしまうので軽く拭き取るだけであがりましょう。

　山では強い紫外線を受けて肌がダメージを受けやすくなっています。紫外線を多く浴びると肌は炎症を起こし、少しでも早くダメージを回復しようと、細胞の生まれ変わりが早くなります。そうすると、角質層が傷んで肌が乾燥してカサカサになってしまいます。またこれが、シミやそばかすの原因となります。そんな肌のトラブルにも温泉は効果があります。

　肌に効能の高い温泉には「アルカリ性の温泉」があります。パック効果で肌をしっとりさせ、傷んだ角質をやわらかくして洗い流してくれます。また、鎮痛作用や抗炎症作用もあり、山で走って紫外線を多く浴びた肌に最適で、女性には特にお勧めです。

　レースの後や走った後は、小旅行気分でぜひ日帰り温泉にゆったりとつかって、温泉成分を体中に取り込み、肌を回復させて、身も心もリラックスさせてはいかがですか？　アイシシング＋温泉で心も体も超回復！！

ゴールするとその充実感で、「またレースに出たい!」と思う。
これがレースに参加することの魅力

レースの目的は、苦しい思いをしてゴールを目指すことだけではありません。初めてのレースに不安を感じていることはわかりますが、いちばん大切なのは目一杯レースを楽しむこと。経験不足なので当たり前なのですが、初レースでは、自分のペースがわからなくなるもの。とくにスタートでは、気負い過ぎとまわりの速いペースに流されたりするので、あまりまわりを気にしないで、最初から自分のペースでスタートしましょう。まわりを気にしてばかりいると、冷静になれません。焦って速いランナーについていくのだけはNGです。

初レースは「キープマイペース、キープスマイル」でいきませんか? 沿道で応援してくれる人には、スマイルで応えましょう。

もし、途中で苦しくなったりしたら、自分の中に閉じこもらず、まわりに少しだけ目をやってみませんか? まわりは、年齢の高いランナー、ママさんランナー、山ガールランナー、レースを何度も経験したランナー、自分と同じような初レースランナーなど、いろいろなランナーと一緒に走っているはずです。みなさまざまなランニングスタイル、ランニングファッションで走っています。そんなランナー達を、ウォッチングしながら走ると、苦しさも少なくなるものです。

ただの残りの距離がわかっていて、「案外調子がいいな」と感じたら、ペースを上げて、前方を走っているランナーを抜いてみてはどうですか? きっと「レースに参加している!」というような充実感を味わえるはずです。

そしてゴールした時の達成感はなんとも言えません。途中辛い思いをしても、ゴールするとその充実感で、「またレースに出たい!」と思うはずです。これがレースに参加することの魅力です。もしかしたら、途中でレースを棄権してしまったり、思うように走れなかったりすることもあるでしょう。失敗した時は現実逃避することなく、レースに出たい!」と思うはずです。これが因をしっかりと究明して次回に活かせるようにしましょう。私も、幾度となく失敗して、色々なことを学んで来ました。失敗した時は、落ち込みますが、次への意欲へと繋がるはずです。

146

6章 レースに参加する

レースは楽しむことから始める。
目標が決まったらチャレンジ！

CONTENTS
01/ レースの種類と選び方 —— 148
02/ レース前の練習法と注意点 —— 150
03/ レースにおけるバックパックの装備 —— 154
04/ エイドステーションの活用法 —— 155
05/ 山での注意点とさまざまな対処法 —— 156

レースに参加する 01

Types of Race
レースの種類と選び方
この上ない達成感と感動を味わえる

初心者が気軽に参加できるのも、レースの大きな魅力

戸隠は、1200年の歴史を誇る文化と伝統を脈々と受け継ぐ山岳信仰の地です。そして毎年、秋深まる10月に、この地を舞台に、山岳ルート、古道ルート、牧場ルート、といずれも変化に富んだ味わい深いトレイルで、信州戸隠トレイルランレース＆アウトドアフェスタが開催されています。初めてレースに参加するランナーの方、まだ戸隠で走ったことのないランナーの方、日本が誇る文化と伝統の地　信州戸隠で、晩秋の山野を思いっきり楽しんでみてください。トレイルランニングの魅力を体感できることでしょう
http://www.togakushi-trail.jp/

　トレイルランニングの大きな楽しみとして、レースへの参加があります。走る距離が少しずつ延びてきて、走る楽しさが芽生えてきたら、レースに出てみたくなるのは当たり前の話です。また、山を初めて走るためのきっかけとして、レースから参加するというのもひとつの手です。レースの本質がわからないまま、レース参加のプランニングをしても危険が高いだけです。レースは多くのランナーと一緒に走ることができるので、山で走る知識があまりなくても大丈夫です。

　初心者が気軽に参加できるのも、レース参加の大きな魅力。ただし、レース主催者にすべてをゆだねるのではなく、「山での事故は自己責任」ということは忘れないように、最低限の知識と技術は身につけましょう。

　なによりも大自然を舞台に開催されるレースは、ゴールした瞬間、この上ない達成感と感動を得られる最高のイベントです。ここ数年、トレイルランニングブームの後押しもあって、週末には全国のどこかでレースが開催されています。ロードのランナーと同じように、トレイルランナーもまた、日頃の成果を試すために、また独特の雰囲気を味わうために、レースに参加してみましょう。レース参加の目標ができると、モチベーションはおのずと上がってきます。

　レースを選ぶには、まず自分の現在のレベルやスキル、経験などを踏まえて、どの程度のレースを目標にするか考えましょう。レースにはさまざまなカテゴリーがあります。

　初心者から参加できるような10kmくらいのレースから、制限時間内に山を走破するような山岳耐久レース、100kmといった長距離を走るウルトラレースまで、距離も参加レベルもさまざまです。

6章 レースに参加する

精神的にプレッシャーのかからない距離なら、無理なく参加できる

　まずは、何kmのレースに出るかですが、日頃のトレーニングなどから判断して、「今まで実際に走ったことのある距離」、「今の自分だったら、おそらくゴールできるであろう距離」で選んでみましょう。精神的にプレッシャーのかからない距離なら、無理なく安心して完走できるかもしれないし、気持ちよく完走できたら、「次はもっと長い距離に挑戦してみよう」と思えるくらいの距離がいいでしょう。

　またトレイルランニングのレースは、距離だけを考えればいいロードレースとは異なり、累積の標高差（レースが開催されるコースの上り部分だけを足した標高差）や、さらにコース状況、気候などを加味して考えなければなりません。

　その他、レース選びのポイントとしては、関門通過など制限はあっても緩やかなレース、日帰りで行けるレース、つまり、朝早くても、スタート時間に余裕をもって到着できるレース、泊まりがけで行くような地方のレースなどがあります。

　家族や友達、恋人などと旅行気分で行ける魅力的なレース、自然保護を含め環境に配慮しているレース、インターネットや雑誌、知り合いのランナー、先輩ランナーに評判のいいレースなどを参考にしてチョイスしていきましょう。いちばん重要な要素は、おもしろそう！！挑戦してみたい！！と思えるようなレースです。

レースに参加する 02

Types of Race

レース前の練習法と注意点
レース1ヶ月半前くらいからレース前々日まで

調整法を間違えると、レース当日に疲労が抜けきらないまま参加することになるので十分注意する

【レース1ヶ月半前から2週間前くらいまで】

まずここでは、私が2011年6月25日にアメリカで開催されたウエスタンステイツ100マイルレースに照準をしぼって練習してきた内容を紹介します。

レース1ヶ月半前から2週間前くらいまでの時期は、最後の追い込み時期ですが、完全に追い込む練習をこの時期に徐々に終了していきます。あくまで調整ということを頭に入れてください。

追い込み練習で蓄積されてきた疲労を抜いていきます。「もう先がない!」と思って焦ってしまい、慌てて追い込み練習をすると、レース当日に疲労が抜けきらずに参加することになるので十分注意しましょう。

調整のレースなどに参加したり、完全休養やマッサージも取り入れて、一度体も頭もリセットすることをお勧めします。

●調整レース
5/15 道志村トレイルレース 41.3km
5/21 12時間走 101km
●追い込み練習
5/10 7時間トレラン 約40km
5/11 5時間トレラン 約30km
※2日連続の長時間走で長時間体を動かすことに慣れます。つなぎの日は、通勤ラン(約2時間:23km)や軽めのジョグなど。ジョギングの後に、軽いダッシュなどを行いメリハリのある練習をしましょう

【レース2週間前から1週間前くらいまで】

レース本番を1週間前と仮定して練習をします。たとえば、日曜日にレースだとすると、その1週前の日曜日にレース本番の体調をもっていくような練習をします。レース1週間前の体調が非常に重要になります。ただ実際には、それまでの練習の流れから、まだ完全な状態ではありません。

●通勤ラン(約2時間:23km)
●60分走 10km

6章 レースに参加する

【1週間前からレース前々日まで】

　レース出場までの1週間は、とくに重要です。今までトレーニングしてきて蓄積された疲労を回復させ、いい体調を作り出すことが大切です。疲労が回復することで、いい結果が得られるでしょう。軽いジョギングとスピード練習、休養とメリハリのある練習を心がけ、「調子を上げること」を基本にしましょう。この時期は、走り過ぎるよりもむしろ休み過ぎた方がいいのです。レース1週間前は、その時の体調をみて、最後の仕上げをしていきます。食事などの日常生活は、規則正しくしていれば問題ありません。睡眠を十分にとり、ストレスを減らすように心がけます。

●具体例
6月12日(日)武甲山トレイルラン(トレーニングがてらの参加。6割程度の走り)
　　　13日(月)完全休養
　　　14日(火)90分ジョグ
　　　15日(水)60分ジョグ
　　　16日(木)軽めのジョグ+100m×3本(戸隠で調整)
　　　17日(金)軽めのジョグ+100m×3本(戸隠で調整)
　　　18日(土)60分ジョグ+1000m×3本 + 鍼灸マッサージ
　　　19日(日)60分ジョグ
　　　20日(月)アメリカ出発 時差のため夕方着 90分ジョグ+流し
　　　21日(火)120分ジョグ+流し100m×3本
　　　22日(水)90分ジョグ+流し100m×5本
　　　23日(木)60分ジョグ+流し100m×3本
　　※2011年6月25日(土)にアメリカ開催されたウエスタンステイツ100マイルレースの場合

イメージトレーニングと日常の体のケア

1. 普段走っている時から、自分が良い感じで走っている姿をイメージして走ります
2. 寝る前に、自分が良い感じで走っている姿をイメージします。たとえば、「レースで勝った！」、「調子よく走っているな！」、「ベストタイムが出た！」など
3. 試走をしている場合はコースをイメージします。走ったことのないコースの場合は、地図を読んでレース展開をイメージします
4. 不測の事態を想定し、事前の対策を考えておきます。たとえば、ライトの電池が切れたら、靴紐が解けたら、ハンガーノックになったら、など
5. 練習できつくなった時、妥協しそうになった時、ここで手を抜いたら「あのレースで勝てない！」とイメージして追い込みます
6. 風呂上がりに、ストレッチを入念に行ないます。ストレッチボード、ストレッチポールなど、専用アイテムも活用
7. セルフマッサージ

レースに参加する 02

Types of Race

レース前の練習法と注意点
レース前日とレース当日

ここまできたら、今さら慌てない。しっかり体を休めてレースに備える

【レース前日】

　初めてのレースに不安を感じている人もいるはずです。ただ、レースの目的は、苦しい思いをしてゴールを目指すことだけではありません。日頃のトレーニングを生かすことです。結果より、大いにレースを楽しみましょう。レースに参加するチャンスは、今回だけではありません。

　軽いジョグなど、負担がかからない軽い練習もしくは完全休養でリラックスしましょう。荷物の準備も前日に済ませておきましょう。余計なことを考えずに、ゆっくり睡眠をとることが大切です。

6章 レースに参加する

【レース当日】

事前に調べておいた、開催される場所までの移動時間、スタート時間などを考えて、予定していた時刻に起床します。可能であれば、スタート5時間前に起床しましょう。ただ、極端に朝早い場合は、食事の時間に合わせて起床します。

朝食は遅くても3時間前には終わらせます。食事の内容は、炭水化物のみ。ゆっくり良く噛むことが大切です。味噌汁（塩分、ミネラル、アミノ酸を多く含む）は必須です。そして、しっかり食べておきましょう。それ以降の固形物は、消化不良で腹痛の原因になるので避けた方がいいでしょう。

会場には遅くても2時間前には到着。1時間前以降口に含むのは、ジェルや果汁飲料等だけにします。基本的に固形物は食べません。トイレやスタートに向かう時間も考慮して、少しずつアップを開始しておきます。

●具体例
3.5〜5時間前：起床→3時間前：食事終了→1.5時間前：トイレ・アップ開始→
30分前：着替え、スタート準備

1. スタート直前に注意すること
   - あまりテンションを上げ過ぎず、静かにスタートを待ちます
   - 全身の力を抜いて、脱力を意識
   - スタートラインに立ったら、目をつぶって大きく深呼吸
2. スタート後に注意すること
   - スタート直後はまわりのペースに惑わされずに"マイペース"が基本
   - 最初は余裕を持って、最後まで一定のペースで走るよう意識します。普段から、自分のペースや体調の変化を意識しておくことが大切です
3. 調子が悪い時
   - エイドポイントでしっかり補給します。消化吸収されて後半のパワーになります
   - 目標となる人を見つけ、ついていきましょう。目標があると頑張れるものです
   - 何が起こるかわかりません。最後まで諦めないで、楽しく走りましょう

私流の食事で注意すること

普段の食事は特別な物はありません。妻が作ってくれた食事を食べています。もちろん、バランスも考えてもらっています

- 揚げ物はなるべく避けて、暴飲暴食はしません
- 1週間前までの食事は、とくにカーボローディングはしません。普段通りの食事を続けて、練習量が落ちてくるため、自然とカーボローディングができていると思います
- レース2日前になると、やや意識して炭水化物を多めにとります
- サプリメントは、必要とされるものを毎日飲んでいます
- 練習直後は、エナジーフードを摂取します
- 便通を良くするために、大会2日前に必ず"食物繊維＋ヨーグルト"を食べます。リンゴを皮ごと食べたり、サツマイモもよく食べます
- 数日前から、水分（2倍に薄めたスポーツドリンク等）を多めにとります。レース中のけいれん防止に、塩分も多めにとることも重要です
- ※ カーボローディングとは、グリコーゲンの源となる炭水化物を、レース前、体内に多く蓄積させるための食事法

レースに参加する 03 Types of Race

レースにおけるバックパックの装備
必要最低限の装備を揃える

レースに必要な装備は、高機能で、軽量＆コンパクトがいちばん

バックパックの中身は、レースの難易度、天候、シーズンなどによって変わりますが、基本は、ハイドレーションに入れた水、行動食、さまざまなエナジーフード＆サプリメント、レインジャケット、ファーストエイドキット、バンダナや三角巾などです。また、夜間走行がある場合などは、ライト類が必要になってきます。いずれにしろ、レースでの装備を選ぶポイントは、必要十分な機能をもちながら、軽量でかさばらないこと。走るためにはコンパクトがいちばんです。

ゴアテックスを採用したシューズで、快適性がアップ

ゴアテックス素材使用のウエアというのはよく聞きますが、実は、ゴアテックスを採用したシューズもあることを知っていましたか。ゴアテックス素材を使用したシューズの秘密は、ゴアテックスメンブレンという薄く、強靭なフィルム状の防水透湿素材にあります。このゴアテックスメンブレンが効果的に組み込まれているため、水を浸入させず、汗の水蒸気は外に放出する快適なシューズが生み出されました。ゴアテックスメンブレンが、シューズに効果的に組み込まれていることで、たとえ大雨でも、足をつねにドライに快適に保護してくれます

エイドステーションの活用法

エイドステーションは事前に調査しておく

「ノドが渇いてから」ではなく「ノドが渇く前に」こまめに給水する

レースによっては、エイドステーションが充実していて、ほとんど装備などいらない場合があります。トレイルランニングは、装備が少なければ少ないほど、楽に走ることができます。

当たり前のことですが、エイドステーションは、距離が短ければ少なく、長ければ多く設置されています。だいたい、紙コップに水、スポーツドリンクなどが用意されています。簡単な食べ物などが置いてあるレースもあります。エイドステーションに寄ることは、レース中の水分補給という目的の他、気分転換にもなります。

効果的な給水方法は、「ノドが渇いてから」ではなく「ノドが渇く前に」こまめに取ることです。ノドの渇きは脱水症状の始まりです。渇いてから飲むのでは遅いのです。とくに、夏のレースでは、給水がかなり重要です。暑い中でのレースは、うまく水分補給をしないと、熱中症や脱水症を引き起こすこともあります。また、マラソン中継などでよく見られる光景ですが、頭や足に水をかけて、体を冷やす工夫なども必要な場合があります。コース中に川があったら、思い切って体に水をかけると非常に気持ちいいですよ。

POINT
アメリカでは、携帯用のみそ汁を水で溶かして飲みました。やはり、日本人にはみそ汁です。体の底からパワーがみなぎってきました

05 レースに参加する

Types of Race

山での注意点とさまざまな対処法
なにかあった時には自分で対処

なにが起きるかわからない山の中。最低限の知識は頭に入れておく

【スズメバチに遭遇したら】

絶対にハチを刺激しないことが鉄則です。手でハチを払いのけたり、慌てて走って逃げたりすると、攻撃されてしまいます。ゆっくり後退しながらその場を離れるのがいちばんです。巣から遠ざかればハチは追ってこなくなります。

運悪く攻撃された場合は、とにかく全力で走って逃げること。その場でじっとしていても刺されるだけです。また、黒っぽい服装は避けた方がいいでしょう。

もしレース中に刺されたら、近くの大会運営スタッフに連絡するか、近くにいない場合は、他のランナーにお願いして、コースの先にいる大会スタッフに連絡してもらいましょう。もし、携帯電話が通じるなら、大会運営本部に直接連絡するか、知り合いを通じて大会運営本部に連絡してもらいましょう。

【足のけいれん】

足がけいれんする原因は、いくつか考えられますが、その原因によって、対処法もずいぶんと違ってきます。暑さで汗をたくさんかき、体内の水分や電解質が失われた場合のけいれんですが、対策としては、水分と同時に塩分（電解質）を十分にとることが上げられます。

けいれんは、寒さによって筋が冷やされた場合にも起こります。水泳中に足がつるのがこれです。山で、汗や雨などで体が濡れている時に、風が吹いて体が冷やされ、起こる可能性もあります。アウタージャケットなどを着て、体を冷やさないようにしましょう。

比較的多いのが筋力不足からくるけいれんです。対処としては、ストレッチが効果的。

全身をリラックスさせ、深呼吸をしながらけいれんした部位の筋をゆっくりと引き伸ばしていき、痛みを感じる一歩手前で止めて、そのまま保持することでけいれんは和らぐはずです。

【高山病を甘くみるな】

高地でのトレイルランニングの場合、高山病に注意しましょう。体質的に高山病に強い人はいるものの、睡眠不足や疲労など、体調によってどんな人でも起こりうると言えます。めまいや頭痛、吐き気やむくみなどの症状が現れたら高山病かもしれません。高山病にかからないためには、万全な体調で登山にのぞみ、とにかくゆっくりと歩くこと。

こまめな水分補給は高山病対策に有効で、山小屋を利用すれば薄い空気に体を慣らすことができます。

高山病にかかったらゆっくりと休憩し、水分を十分に摂るようにしましょう。いつまでも症状が治まらないのなら、諦めてすぐに下山しましょう。下山すればあっという間に症状は回復するはずです。高山病は頭痛や吐き気だけでなく、重度になると死に至るケースもあるので、甘く見ないでください。

6章 レースに参加する

【腹痛を起こしたら】

走る振動によって腹部で腸全体が大きく揺れるため、大腸内のガスが大腸の上部に上昇していきます。その時に、大腸の左右の曲がり角にガスが溜まりやすくなります。このガスの固まりがまわりの神経に刺激を与え、腹痛を起こすと言われています。しばらくペースを落として走っていれば、ガスが分散し、いずれ痛みがなくなります。痛みを我慢して走るより、思い切ってペースを落としましょう。

良くならない場合は、思い切って休憩をとって深呼吸をしたり、脇腹を何度も強く押さえてみましょう。

ランニング中、たびたび腹痛を起こす人は、エナジーフードなどガスがたまりづらいものを食べるといいでしょう。

【ハンガーノックになったら】

ハンガーノックとは血液中の糖分が不足する状態をいいます。突然、脱力感に襲われ、体全体に力が入らなくなります。ハンガーノックにならないためには、たとえ空腹感がなくても、こまめな栄養補給が必要です。糖分が失われてから補充しても遅いのです。このために、高機能のエナジーフードは持参した方がいいでしょう。

【熱中症になったら】

熱中症は、一般生活でも起こりますが、暑い環境でスポーツをしている時は特に起こります。倦怠感、筋肉のけいれん、頭痛、めまい、などの比較的軽症のものから、動悸、意識障害など重症のものまであります。熱中症の応急処置としては、日陰など風通しのいい涼しい場所で横になり、体を冷やし、水分補給するというのが絶対条件です。

体を締めつける衣服などは、できるだけゆるめて楽な姿勢で安静にしながら、濡れタオルで体を拭いたりして体を冷やします。また、氷などがあれば、わきの下や足の付け根など、動脈などの太い血管がある箇所をよく冷やします。

近くに熱中症になってしまった人がいたら、名前を呼んだり、肩を叩いたりして、必ず意識の確認をしましょう。反応がなかったり応答が遅かったり、言動がおかしい場合は、できるだけ早く医師に診断してもらうことが大切です。

Types of Race
山での注意点とさまざまな対処法
なにかあった時には自分で対処

【日が暮れてしまったら】

　夜に走るようなレース以外は、基本的には、日没にはすでに電車やクルマに乗って帰宅できるようなプランニングを立てましょう。もし、思わず時間がかかり、下山中に日没になってしまった場合、下山のルートを把握していて、携帯用のライトかヘッドランプを持参していたら、そのまま下山します。そのような対処ができないなら、むやみに動き回らないで体力を温存し、木陰や岩陰などの雨や夜露に濡れない場所で野宿するしかありません。ただこれは大変リスキーなので、やはり、日没時間を考えた余裕のあるプランニングを立てることが重要です。

【ショートカットにご用心】

　登山道には急な斜面があり、その斜面をジグザグに道がつけられていることがあります。急斜面を上った方が、直線距離が短くてラクだと思いがちですが、これは大きな間違い。急斜面を一気に上ると、体力を消耗すると同時にペースが乱れるので、逆に体力を消耗したり、足がつる原因になります。ベテランランナーほど、無駄な体力を使わずに行ける場所を瞬時に判断して上るものです。遠回りしてでもペースを崩さずに上れる場所を選ぶのが、疲れずに上るポイントです。

【クサリ場はどうする】

　登山者がつかまって上れるように、クサリを固定して張ったり垂らしたりしてある場所がクサリ場です。滑落の可能性があるような急斜面の場合、クサリをしっかり握り、万が一の滑落に備えましょう。クサリをしっかり握っていれば足がすべっても滑落を防ぐことができます。

　滑落の危険が少なくない急斜面のクサリ場では、腕の力をうまく利用することで、足を疲労させることなく急斜面を上ることができます。このテクニックは、腕力と経験が必要になります。

6章 レースに参加する

【歩きながら上る時の深呼吸の仕方】

　できるだけ酸素を取り込むように、ゆっくりと深い呼吸をしながら上りましょう。苦しくなったら気持ちを落ち着かせ、大きく深呼吸します。その時「吸おう吸おう」とするのではなく、一旦すべての空気を吐き出しましょう。
　「もう吐き出せない」というところからさらに吐き出すつもりで、すべての空気を吐き出します。そうすれば自然に空気が肺に入ってくるはずです。吸おうとし過ぎると過呼吸になってしまい、逆に空気が入ってきません。

【休憩のとり方】

　何分ごとに休むのかは、人によって異なってきますが、バテる前に休むのが基本です。無理に走り続け、バテてから休んでも疲労が回復しません。自分の体力に合わせた休憩が必要です。休憩する時には登山道を空け、他の登山者の邪魔にならないようにしましょう。
　また、ダラダラと歩いてむやみに休むのではなく、ある程度目標を決めて走り、目標地点に到達したら休むようにすると、メリハリができてテンポよく進むことができます。「必ず目的地に到着するものだ」と自分に言い聞かせて、ゆっくりでも足を前に出していきましょう。

【標識をよく確認する】

　標識のある分岐点は、初めてきたトレイルなら必ず立ち止まって確認するか、来たことのあるトレイルなら走りながら必ず確認してください。ルートをチェックする上で標識は重要な情報源となります。トレイルマップと照らし合わせながら確認すると、より正確な情報を手に入れることができます。

【手ぬぐい、バンダナ、三角巾を持参する】

　手ぬぐい、バンダナ、三角巾とどれでもいいのですが、行動後はタオル代わり、行動中は包帯と考えてひとつ用意しておきましょう。捻挫や骨折など、不測の事態の応急処置に活用できます。

足と腰、肩に疲れを残さない!! 下山後にできる足つぼマッサージ

下山後に足裏をほぐすと、足の疲れがとれる以外にも、血液の流れが促され疲労回復にも繋がり、疲れのとれ方がまるで違います。他にも消化器系や腎臓、肝臓などの体内の調整が期待できる反射区が足裏にあることから、足全体の疲れがとれるだけではなく、自然治癒力を高め全身の疲れがとれやすい状態になります。お風呂に入り体を温めてから行なうことで足つぼの効果も上がります。

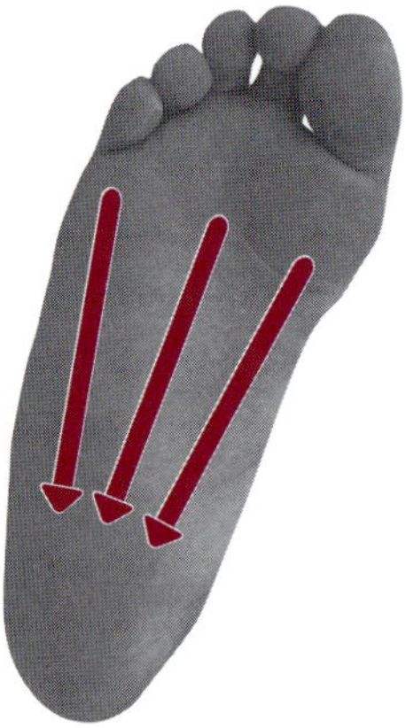

1. 川三本

① 拇指球の付け根からカカトに向けて押して土踏まずの線を押していく
② 中指の付け根からカカトに向けて押す
③ 小指の付け根からカカトに向けて押す
痛きもちいい程度の力で各5回

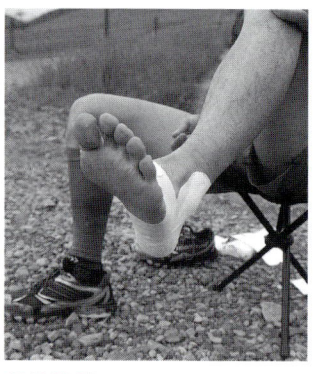

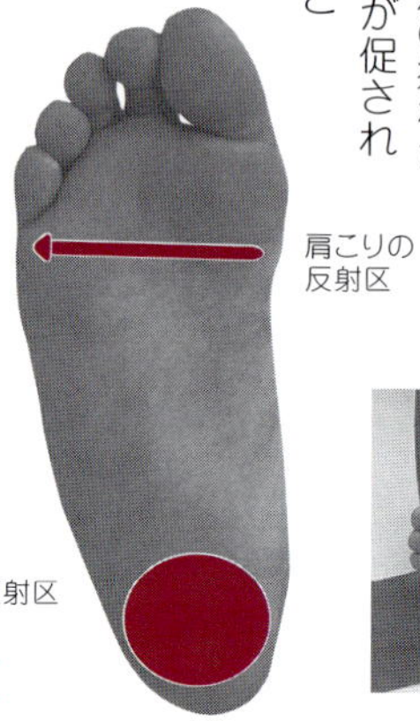

肩こりの反射区

腰の反射区

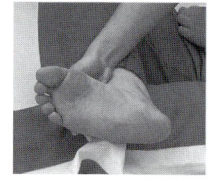

2. 反射区

○ 足の指の付け根が肩こりの反射区です
まんべんなくほぐしましょう
○ カカト全体が腰の反射区です
カカト全体をまんべんなくゴリゴリとほぐしてあげましょう

POINT

テーピングは効果が高いですが、それに足つぼマッサージを加えたら、疲労回復は相当早くなります。足つぼマッサージは、つぼ押し棒を使い、足裏にハンドクリームやベビーオイルを塗りながら押すと、なめらかに心地よくほぐせます

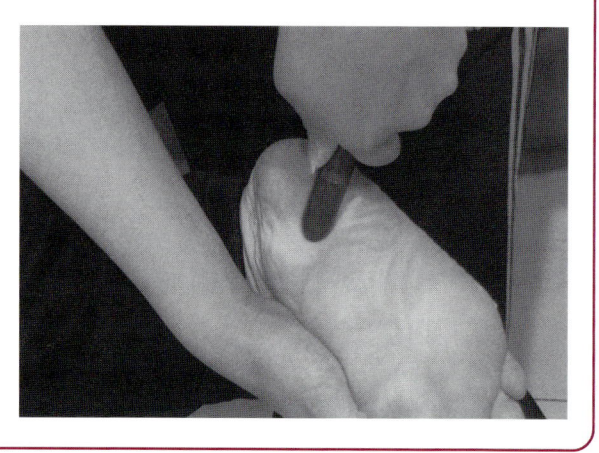

7章　用具の基礎知識
トレイルランニングを楽しむために、最適な用具を選ぶ

CONTENTS
01/ トレイルランニング用シューズ ——————— 162
02/ トレイルランニング用バックパック ————— 164
03/ トレイルランニング用ウエア ————————— 166
04/ サポートウエア ———————————————— 170
05/ アクセサリー ————————————————— 172

用具の基礎知識 01

Gear & Items

トレイルランニング用シューズ

用途に応じてシューズを選ぶ

トレイルランニング用シューズで走れば、楽しさ百倍！！

　舗装路とは異なり、自然の中のトレイルの路面状況はさまざまです。砂利やガレ場の道、地面がつるつるの坂道、木の根のある道、急な上りもあれば急な下り坂もあります。丸木の橋や木を置いたトレイルもあります。そんな中を転ばずに走り続けるためには、ソールがしっかりしていてすべりにくく、また足首を痛めないように左右に踏ん張れる機能を採用したシューズがベストと言えるでしょう。

　路面が不安定で、木の根や岩がある場所を走るので、軽さだけでなく外部の衝撃から足を保護する機能が強化されているモデルもあります。

　足を衝撃や路面の形状から守り、快適なランニングを楽しむためは、ほんの少し固めのソールのシューズを選びましょう。とくに、初めてトレイルランニングシューズを購入する人は、ロードシューズのように軽くて、ソールが薄くて曲がりやすいモデルを選んでしまいがちですが、ソールのしっかりしたものの方が、地面からの衝撃にも強く、ケガや故障を防いでくれるのでベストです。

　人間の足形は千差万別です。ショップで選ぶ際には、ゆっくり時間をかけていろいろな種類のシューズを試し履きして選ぶことが大切です。

　走る場所、用途によってさまざまなモデルがあります。

7章　用具の基礎知識

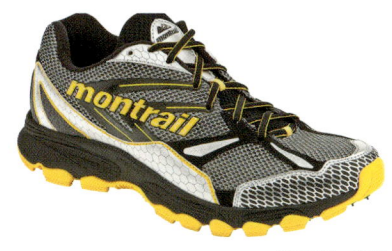

【シューズの正しい履き方】

ヒールカップにカカトをしっかり収め、タン（甲の部分の装備してある、ベロのようなところ）をしっかり手前に引き上げましょう。シューレース（ヒモ）は、ツマ先部分からひとつずつ指に引っかけて締めていきましょう。この時、ツマ先を曲げ伸ばししたり、足首を前後に曲げたりしながら、締まり具合を確認するといいでしょう

①

一般的な、蝶々結びでしっかりシューレースを締めます。結ぶ前に、しっかり足にシューズがフィットしていることを確認してください

②

結んだところが枝などに引っかからないように、シューレースがクロスしているいちばん上の部分に挟み込みましょう

④

ランニング中にヒモがほどけないように、蝶々結びでできたふたつの輪をさらに結びます

③

しっかり締めることができると、ツマ先部から足首部にかけて、シューズのシューレースを通す穴のラインが一直線になります。ダメな締め方は、写真のようにツマ先部から足首部にかけてのラインが、逆ハの字になってしまいます

⑤ ○ ×

シューズはこまめに洗うことが大切。とくに、シューズの中のインソールの下に、小石などがたまってしまうので要注意

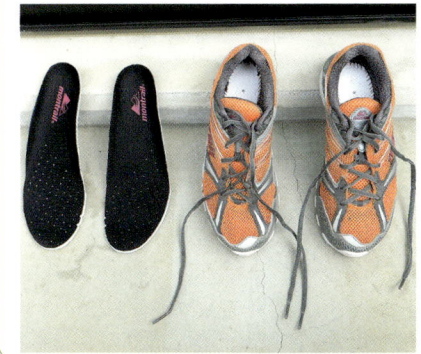

シューズをこまめに洗っていますか？　シューズは、相当使用してからじゃないと、洗わない人が多いようですが、それはダメです。なぜなら、トレイルランニングは、舗装された道路を走るわけではなく、山道を走るからです。山道には、小石や砂利、土、小枝など、さまざまなものがあり、当然そのような場所を走れば、必ずといっていいほど、シューズの中にそれらが入り込みます。シューズの中のインソールを取り出して、インソールと一緒によく洗ってあげましょう。また、ソールの細かい溝にもこれらが挟まっていることがあるので、よく洗いましょう。できれば、シューレースもシューズから外して、別で洗いましょう。走った後も必ずウエアを洗うように、シューズも一度履いたら洗うくらいの心配りが必要です

163

用具の基礎知識 02

Gear & Items

トレイルランニング用バックパック
軽くてコンパクトが基本

喉が渇く前に水分をこまめにとるためにも、ハイドレーション対応のバックパックが不可欠

　トレイルランニングは、山の中を走るので最低限の水や補給食、衣類などを持って参加することが基本です。コースや距離によりバックパックの大きさも多少違ってきますが、専用のバックパックは軽くてコンパクトで、山道を走っても邪魔にならず、背中にあたる部分も蒸れにくいメッシュタイプがいいでしょう。サイズも3リットルくらいから20リットルくらいまでの物が使いやすいです。

　最近はハイドレーション（走りながら給水できるシステム）対応のバックパックが多くなっています。短い距離なら、小型の水筒やペットボトルがしっかりと納まるウエストバックタイプや、暑さや寒さ調節のための衣類がしまえるバックパックがあれば十分ですが、これからもいろいろなレースの参加を考えているようでしたら、最初からハイドレーション対応タイプのバックパックを選んでおくことをお勧めします。

　ハイドレーションを購入する際は、バックパックの形状や容量によって使い勝手が悪くなるかもしれないので、自分の使用しているバックパックとの相性を考えて選んだ方がいいでしょう。

7章　用具の基礎知識

ここをCHECK!

ハイドレーション対応のバックパック

喉が渇く前に水分をこまめにとるためにも、ハイドレーションシステムが不可欠です。水筒やペットボトルで給水するものいいですが、バックパックに入れておくと出すのがついついおっくうになり、水分を補給するのを怠ってしまうことがあります。ペットボトルや水筒は、中身が減ってくると中で水が踊ってしまう上、いつまでもかさばる容器を背負わなければなりません。ハイドレーションがなければ、スポーツゼリードリンクに使用されているようなパッケージ入りのドリンクが便利です。そういったことを考えると、走りながら水分補給ができるハイドレーションを使うといいでしょう。近年、ハイドレーションもどんどん進化してきました。水漏れしない気密性の高いもの、補給のしやすいもの、洗いやすいもの、残量がモニターできるものなど、ハイテクを駆使したモデルも多く出ています

用具の基礎知識 03

Gear & Items
トレイルランニング用ウエア
気温や天候の変化に対応する

自然の中を走ることを考えて、信頼性の高い高機能ウエアを選ぶ

　自然の中の山道を走るトレイルランニングは、気温や天候の変化が大きく、それらに十分備える必要があります。吸湿速乾に優れたシャツやタイツに、透湿性の優れた軽量ジャケットなどを組み合わせ、重ね着で暑さや冷えに対応するのが効果的です。最近は非常に軽量で、伸縮性や撥水性、防風性などに優れた個性的な商品がそろっています。

　長時間の雨が予想される場合や、寒さが予想される場合は、必ず、気温の変化や雨風に強いアウターウエアを用意してください。また、寒い季節や激しい気温変化が予想される場合は、セカンドレイヤーとしてダウンジャケットなどの防寒用ウエアを持参した方がいいでしょう。

【ソックス】

　ソックスは、ウール混紡素材の履き心地のいいトレイルランニング専用のものを選びましょう。注目したいのは、メリノウール素材を混紡したソックス。一般的なウールのみのソックスに比べて繊維が長く細いため、しなやかでチクチク感もなく履き心地がよく、化繊素材のソックスに比べてムレにくいのです。「足がムレて気持ち悪い」という人には、足から発散される蒸気を繊維内部に取り込み、ゆっくりと蒸発させていくので、水分がこもりがちなシューズでもムレにくく、相性がいいと言えるでしょう。また、天然の抗菌作用があるので、不快な臭いもつきにくくなっています。

　サイズは、大きすぎるとシワがよって、靴擦れの原因になってしまいます。また、小さいと血行が悪くなるので、「たかがソックス」と思わないで、細心のチェックが必要となります。ショップで新しいシューズを買う時に、一緒に専用ソックスを購入するのもひとつの手です。

7章　用具の基礎知識

【ランニングシャツ&パンツ&タイツ】

綿のウエアや下着では汗を吸収できても、そのまま水分を保持してしまうので、体はドライになりません。夏場に誰しもが自分の汗で、Tシャツや下着が肌に張り付いて不快な思いを経験したことがあるはずです。

それに比べるとトレイルランニング用のシャツやパンツ、タイツは、そんな不快感を回避するために、体から出る汗を効果的に吸収し発散して、つねにドライでサラッとした着心地を提供する優れた機能を持っています。

使用素材は、体をドライに保つことを目的とした素材に、保温性を高めた素材、抗菌性を持たせた素材、伸縮性に優れた素材などをミックスして、快適性を格段にアップさせています。

【アウターウエア】

【レインウエア】　　　【ウインドシェル】

一般的に標高が100m高くなると気温が0.6℃下がります。さらに風にさらされると風速1mにつき体感温度が1℃下がると言われています。また、雨で体を濡らすことは、単に不快であるばかりでなく、体温を奪われることで、疲労の蓄積や判断力の低下などにつながります。だからこそ、天候の変化に対応して、アウターシェル（レインウエアやウインドシェル）を用意しておきましょう。

体をドライに快適に保つことは、自然の中で行動するための基本にして非常に重要な要素です。防水性、防風性、そして衣類内の熱気を逃がす透湿性の高い、ゴアテックスをはじめとした、高機能アウター素材が注目です。やはり製品の信頼性を重視するとしたら、高機能素材が使われているアウターシェルを選びたいものです。

用具の基礎知識 03

Gear & Items

トレイルランニング用ウエア
気温や天候の変化に対応する

【キャップ&バイザー】

キャップタイプとバイザータイプ、どちらもトレランでは重要なアイテムです。キャップは転倒時に頭部を守り、バイザーは日差しを防ぎながら通気性を確保します。肌に接する面の素材は肌あたりがいいもので、走行中でも締め具合の調節がしやすいものを推奨します。

ベルクロ（マジックテープ）で微調整するタイプや、ストラップ調整タイプなどがありますが、快適にランニングするためには、実際に着用してみて、調整しやすいものを選びましょう。調整が難しいと、髪の毛をはさむなどストレスを感じることもあります。また、撥水性に優れた素材を使用した、バンダナタイプのヘッドウエアも、最近人気が出てきているので、ファッション感覚豊かなランナーは要チェックです。

【グローブ&アームウエア】

グローブは防寒用として使うだけではなく、トレイルでの手の保護という役目もあります。素材として、保温性があり乾きやすい化学繊維やウールのものがいいでしょう。透湿性能があればさらにベストです。アームウエアは少し寒い時などに役立ちます。

7章　用具の基礎知識

セカンドレイヤーは、シャツとアウターウエアとの間で着用する、ウエア内の温度調整には欠かせないアイテム

　寒い季節や気温変化が予想される場合は、セカンドレイヤーを持参した方がいいでしょう。セカンドレイヤーを着たり脱いだりすることで、温度調整が容易になります。

　これを綿のパーカーやトレーナーで対応、という人が多いと思いますが、これでは汗を吸収して逃がさないので、高機能素材のものを選んだ方がいいでしょう。軽量で動きやすく、アウターとしても充分に使用できる保温性を持ったものを選ぶことが大切です。

　これまではセカンドレイヤーといえば、フリース素材のウエアが主流でしたが、現在ではフリース以外にも軽くてドライで動きやすい素材が開発されているので、「フリースではかさばって動きにくい」とか「バックパック内でかさばってしまう」という人は、目的に合ったウエアをチョイスした方がいいでしょう。代表的な素材には、ゴアテック社のウィンドストッパーなどが上げられます。防風・透湿性に優れた次世代素材で、保温力も高い。今後は、このようなハイテク新素材がもっと普及していくことになるでしょう。

　また、フリースに代わるセカンドレイヤーとして注目を集めているのがインナーダウン。中綿は当然ダウンが主流で、フリースより軽く、フリースよりもコンパクトになるので、シチュエーションを選ぶことなく使うことができます。風にも強いので、アウターとしても使える汎用性の高さが特徴。

　休憩時や、急激に気温が下がった時などで、体を冷やさないために使うといいでしょう。トレイルまでのアプローチ用としても使える汎用性の高さが人気の秘密です。各メーカーからさまざまなモデルがリリースされているので、使用する目的にあったものを選びましょう。

サポートウエア
Gear & Items / 04 用具の基礎知識

1枚身につけるだけで効果絶大

高機能なサポートウエアほど、その効果は計り知れない

　最近注目でお勧めなのがサポートウエア。段階的な着圧によって血流の流れを促進するコンプレッションタイプ、テーピングの理論を応用して筋肉をサポートするタイプ、クーリング効果で運動による体温上昇を抑えて、肌をドライに保ちながら体の冷えを防止する体温調節タイプなど、用途に応じてさまざまな種類のサポートウエアが販売されています。

　たった1枚これを身につけるだけで驚くほどの効果があります。現在、ほとんどのスポーツでその効果は認められているので、一度試してみてその効果を体感してみるのもいいでしょう。また、最近はデザイン性もアップして、男性から女性まで、ランニングシャツやパンツの下に着用しても違和感のない、オシャレなモデルも多く登場しています。

7章　用具の基礎知識

POINT
上半身、下半身をサポートするモデルが主流ですが、最近、フクラハギ、腕といった、各部位をサポートするモデルも人気。サポートしたい部位や季節で選ぶといいでしょう

紫外線の強い山では、肌を保護する必要がある

　体に多くの影響を与える紫外線ですが、問題となるのは UV-B と UV-A。とくに UV-B は皮膚や目に有害で、日焼けなどを引き起こすだけでなく、皮膚ガンといった各種症状の原因とされています。

　しかも太陽に近い標高の高い山では、紫外線が体に与える影響は計りしれません。この UV-B はその多くはオゾン層で吸収されるので、オゾン層の厚みによって地面に届く量が変わってきます。近年問題となっているオゾン層の破壊は、同時に紫外線の問題でもあるのです。

　紫外線をあびてできるシミやシワは、メラニンという成分が原因。紫外線を大量に浴び続けると、一部の色素細胞はメラニンを作り続けるようになり、皮膚が黒いままの部分ができてしまい、これがシミとなります。

　また強い日焼けを何年も繰り返すと、皮膚の弾力がなくなりシワができるようになります。ただメラニン自体は体にとって必要なもので、紫外線を吸収したり散乱させて、皮膚が受ける影響を少なくする働きがあります。

　メラニンは紫外線から細胞のDNAを守るが、もしDNAが守られないとDNAの情報が壊され（突然変異）、このような突然変異が長い期間を経て、皮膚ガンなど重い皮膚の病気の発生につながると考えられています。メラニンが悪者というのではなく、紫外線を大量にあび続けること自体が危険なことなのです。紫外線は温暖化と違い、直接環境に影響を与えるものではありませんが、紫外線が体に与える影響は決して少なくありません。

　健康を維持し少しでもトレイルランニングを楽しむためにも、肌に直接紫外線の影響を受けないような意識をもつことが必要です。

用具の基礎知識 05

Gear & Items

アクセサリー
ヘッドランプ、時計、ポール、ゲイター

アクセサリーとはいえ、すべての用具は必需品

【ヘッドランプ】

　陽が上る前の出発や夜走らなければならないレースの場合などは、ヘッドランプがあると安心。ハンドライトでもいいが、できれば身体に固定でき両手をふさぐことのないヘッドランプがお勧めです。

　また、山小屋に宿泊する人には、暗い室内で荷物を詰め直したりする時にヘッドランプが好都合です。日帰りのトレイルランニングでも小型のものを用意しておくと便利です。日帰りのつもりでも予想外に時間がかかって夕方に下山することになったとしても安心です。

　ヘッドランプは、軽量・コンパクトが主流です。とはいえ、あまり小さすぎては光量が足りないかもしれないので、明るさとコンパクトさのバランスを考えて選ぶ必要があります。近年、急速にシェアを伸ばしてきているのが長時間の点灯が可能なLED採用モデルです。

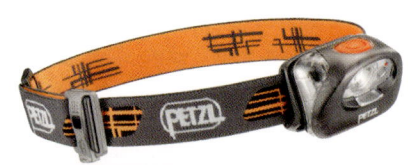

Photo by Sho fujimaki

　遠くまで照らせるハロゲン球を使用したモデルもありますが、光量が強い分当然電力消費は大きくなり、点灯時間が短くなったり、使用するバッテリーが大きくなったりと、軽量・コンパクトというコンセプトからは外れてしまいます。

【時計】

　トレイルランニングで使用することの多いランニング専用の腕時計には、トレーニング機能をはじめ、時計、気圧計、コンパス、高度計、GPSなど、さまざまな先進機能が搭載されています。腕時計から、走っている時に役立つ情報を随時見やすく表示してくれるので、安全面で大きく役立ちます。

　選ぶ時の注意点として、ランニング中にボタン操作で簡単にそれぞれの表示を切り換えることができ、必要な情報をどれだけ素早く表示できるかがポイントです。また、心拍数などを表示できるモデルや、パソコンに接続してデータを管理できるモデルも発売されています。

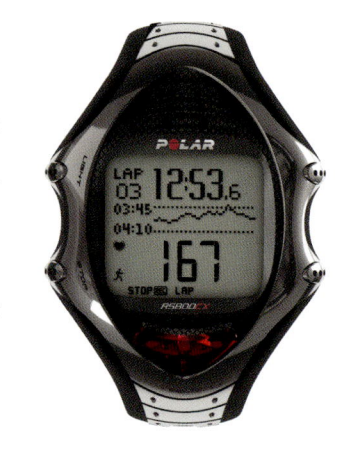

7章　用具の基礎知識

【ポール】

　ここ数年で、一般的に使われるようになってきたのがポールです。長時間のトレイルでは体のバランス感覚が衰えるので、ポールを使用することで転倒のリスクが減ると言われています。ポールを使用すると、上体が振られなくなり楽に歩け、疲労や足腰への負担が軽減されます。

　また、ヒザにかかる重量が腕に分散されるので、ヒザに不安を抱えている人には特にお勧めです。体力に自信のない人はポールを使用した方がいいでしょう。ポールは、通常2本で使用しますが、しっかり握って推進力を得るような使い方ができるタイプがベストです。アップダウンがそれほどなく距離の長いトレイルなどでは、あった方がいいかもしれません。

　トレイルには上りと下りがあるので、使い慣れるまでは自分の身長に合わせて長さを調整できるモデルがいいでしょう。また、カーボンなど超軽量素材を採用したモデルや、地面からの衝撃を吸収してくれるアンチショック機能付きモデルもあるので要チェックです。

【ゲイター】

　ゲイターは、どうしてもなくてはならないギアではありませんが、あると便利です。トレイルには長い砂利道があったり、場所によってはかなりシューズが深くもぐることがあるので、ゲイターで足首部分をおおっておくと、シューズ内に砂利が入っていやな思いをすることなく歩けます。また、雨の日の泥除け小石除けとしても重宝し、シューズやソックス、タイツなどを必要以上に汚すことがないのも利点です。ゲイターの素材は、ナイロン系素材が多く使われ、着脱しやすいようにファスナーがついているものが主流で、長さは、ショートかミディアムでOKです。

あとがき
トレイルランニングを、もっと楽しむために

山の中を走る、トレイルランニング。
せっかく、山の中に入ったのに、走るだけではもったいない。
山の自然にも興味を持ってもらいたいと思います。
たとえば、この木は何だろう？　この花は？　この虫は？
デジタルカメラで撮影して、自宅で調べるのも楽しいものです。

そして、よく耳を澄ましてみてください。
あちらこちらから、鳥の鳴き声が聞こえてきます。
すぐ横でウグイスが鳴いたり、夏にはカッコウが鳴いたり、
運が良いとフクロウが鳴いたり・・・
季節によって、色々な鳥の鳴き声を聞くことができます。
キツツキが木を叩く音が聞こえたら、まわりの木を観察してみてください。
きっと、キツツキが開けた穴を発見できるでしょう。

朝早く、その日いちばんにトレイルを通過すると、
野生動物に遭遇する可能性がぐっと高まります。
普段よく見かける、サルや鹿だけではなく、
リスや野ネズミ、ニホンカモシカにも、偶然出会ったりします。
もちろん熊もいるので、要注意。

夏にコナラやクヌギ、ミズナラの林を走った時は、
樹液が出ている木を探してみてください。
きっとカブトムシやクワガタがいます。
秋でしたら、ドングリやクリがたくさん落ちています。
ただしこの季節は、スズメバチに要注意。

ただ、走って通過するだけではなく、山の自然に興味を持つと、
改めてトレイルランニングの魅力に気がつくはずです。
走って体は疲れていても、必ず元気が湧いてくるでしょう。
自然から頂いたパワーです。
これを一度味わってしまったら、
山の自然に、ますます優しくなれるはずです。
あなたは、トレイルランニングの虜になってしまうでしょう

奥宮俊祐

トレイルランニング楽々入門
奥宮俊祐 著
（ハセツネ 2010 日本人 1 位）

- ■企画/編集：株式会社トップエンド
- ■編集スタッフ：岩田克巳、森岡匠
- ■デザイン：森岡匠
- ■カバーデザイン：坂井栄一（坂井図案室）
- ■スチール撮影：Takumi、金子雄爾
  GON-GEN-DO
- ■モデル：山口寿文、山口亜里沙、五十嵐仁美
- ■撮影協力：アドックインターナショナル
  コロンビアスポーツウエアジャパン、SMJ
  戸隠観光協会、アラビアンホースランチ
- ■編集担当：阿部雅彦、神野哲也、三浦康

株式会社アドックインターナショナル について（著者所属）

本業の情報通信系業務の傍ら、メンタルヘルス事業として、東京郊外の保養所を使用した自然体験を通じて、ストレス耐性の高い社員の育成をするなど、企業の社員育成プランを積極的に推進。また、日本山岳耐久レース（ハセツネカップ）では、小林常治社長自ら運営委員を務め、90人以上の社員が、毎年ボランティアとして参加する。所属の奥宮氏は、ハセツネクラブを通じて社長と知り合い、働く人間のことを大切にする姿勢に感銘し入社。現在、同社営業部に所属し、トレイルランニングやノルディックウォーキング講習会など、イベントを通じての普及活動に注力している。

2011 年 9 月 9 日　初版第 1 刷発行

著者	奥宮俊祐
発行者	村山秀夫
発行所	実業之日本社
	〒104-8283　東京都中央区銀座 1-3-9
電話	03-3535-3361（編集）
	03-3535-4441（販売）
	実業之日本社ホームページ
	http://www.j-n.co.jp/
印刷所	大日本印刷株式会社
製本	株式会社ブックアート

©Syunsuke OKUNOMIYA 2011 Printed in Japan（趣味実用）
ISBN978-4-408-45352-1

落丁・乱丁の場合はお取り換えいたします。

実業之日本社のプライバシーポリシー（個人情報の取り扱い）については、上記ホームページをご覧下さい。
本書の一部あるいは全部を無断で複写・複製（コピー、スキャン、デジタル化等）・転載することは、法律で認められた場合を除き、禁じられています。
また、購入者以外の第三者による本書のいかなる電子複製も一切認められておりません。